保育のなかの遊び論 Part 2

「遊びの保育」の必須アイテム

加用文男
Kayou Fumio

ひとなる書房

はじめに

井上ひさしさんは、著名な脚本家・放送作家であり小説家でもあり日本ペンクラブの会長も勤められ、(憲法)「九条の会」の発起人の一人として奮闘されてきた方ですが、二〇一〇年に七五歳で亡くなられました。一昔前の人ならドンガバチョやトラヒゲ、サンデー先生や子どもたちが活躍する「ひょっこりひょうたん島」(NHKテレビ)をご記憶でしょうし、他にも作家として膨大な数の作品を残していますが『吉里吉里人』『父と暮らせば』『組曲虐殺』などが代表作とされています。

ウィキペディア(2015.3.3)では、

戯曲の完成度の高さは現代日本おいては第一級のものであり、数々の役職を含め、日本を代表する劇作家として確固たる地位を確立した。死去に際しては「国民作家の名にふさわしい」(別役実、産経新聞)、「井上作品のあの深みと重み。同じ方向に行っても勝てるわけはないですから」(三谷幸喜、朝日新聞)、「父のような存在でした。いつか〝ライバルです〟って、言ってみたかった」(野田秀樹、同)と、当代を代表する劇作家たちからの最大級の賛辞が追悼コメントとして並んだ。また井上作品『ムサシ』の英米公演を控えた演出家の蜷川幸雄は訃報を受け「井上さんの舞台は世界の最前線にいるんだということを伝えたい」（報知新聞）と語っている。

と紹介されています。

彼の「むずしいことをやさしく　やさしいことをふかく　ふかいことをゆかいに……」という言葉はよく知られていますが、彼が創設した「劇団・こまつ座」の後継社長となった三女の石川麻矢さんが、ある新聞のインタビューに応えた記事でも印象深い言葉が伝えられています。

最後の二年間、父と仕事をして、一生分、話せたと思うくらいです。「だれでも不安や恐怖に脳や体を占拠されてしまうことがある。そうならない唯一の方法は、日常を丁寧に送ることなんだよ。そうすれば、自分も人も大切にできる」。私が迷いの中にいるとき、父はこう話してくれました。

＊日常を丁寧に送るということ

この言葉はとても奥が深く、私などにその真意がくみ取れるとはとうてい思えませんが、勝手な理解をしてみますと……

誰であろうと自分がしでかした失敗や、思わぬことで自分や家族や親しい人たちに降りかかってきた不幸な事件などで、不安に取り憑かれてしまったり恐怖で萎えてしまいそうになることがあります。しかし、そういう日でも、生きている限りは、朝起きて（もしいれば）家族の誰かに「おはよう」と言い、洗面所に向かって行って顔に水をかけて、毎日のことながら「おおっ」と冷たさに顔をふるわせるうちにいやおうなく日が覚めていきます。顔を拭いた頃にちょうどよく、昨夜しかけておいた炊飯器がぐつぐつといい香りを立て始めて、冷蔵庫をのぞいたら、オアゲがあってモヤシもあって、合わせたらおいしい味噌汁が作れそうだ（淹れたてのコーヒーにバターを塗った食パンでもいいですが……）。そうだ、ベランダのプランターでプチトマトができていたなあといそいそとベランダに出る。朝日が身体を包んでくれて、こうして温かい味噌汁が喉をうるおせば、それまでの気持ちはどうあれ、ひとまずは「おいしい……」。

日常生活というのはこういう風に、ごく普通に進行していきます。夕方でも、子どものお迎えがある人なら、勤め先でいろんな辛いことがあっても、とにかく急いで行かなくちゃ。園の門をくぐったら、同じクラスのほかの保護者と出会って「そういえば、この前ね……」と話しかけられる。相づち打っているうちに子どもが駆け寄ってきて、抱きあげたら、子どもの体の香りがしみ込んでくる。なだめすかしながら保育室に出向いてロッカーを開けてみたら中に虫の死骸が。「フンぎゃ」と笑うしかない。こうして担仕の先生とおしゃべりしたり、寄りついてくる他の子の相手をしたり……

買い物だって、実は、決して同じ日はありません。出会う人、たまたま売っている野菜の色合い、唐揚げにするつもりだったのに、たまたま見かけた牡蠣がおいしそうに見えて方針変更、帰る道のりでの子どもとのおしゃべり……そうやって、いつの間にかちょっとだけ自分の気分が変わってきていることに気づいたりします。洗濯も、干し終わる頃にはちょっとした達成感があり、部屋の香りが微妙に違っているのに気づく。今日は風呂場の掃除をしようかと、タイルの目地を使い古しの歯ブラシでこすっていたら意外にキレイになってきて……「ほら、みてみて、キレイになった」なんて……

こういう何気なく思える日常の一コマひとコマを丁寧にすごしていくこと、その一つひとつの身体の動き、行為の深みと連続が、精神の正常化をはかっているんだよ、そういうことを井上ひさしさんは娘に伝えたかったのかも……などと（ちょっと浅いかもしれないですが）勝手な解釈をしてしまいました。

＊〈遊び〉の二つの側面

さて、「遊びの保育」の本なのに何故こういう話から始めたかと言いますと、一般には遊びは労働や生活とは別のもの、余暇の活動であると思われていて、生活があって遊びがあって（課業もあって）という風に保育構造が考えられがちですが、これに多少の追加的理解が必要となるかなと思い勝手利用させていただいたのです。

実際には、遊びは活動であるだけでなく、活動内の要素・成分でもありますので、活動としてみると疑いなく遊びであったとしても、その中に遊びの要素がどれだけ含まれているかは別のことですし、また活動としてみると遊びとは言えないもの（たとえば労働・生活的活動）であっても、その中に遊びの要素が豊かに含まれることはありうることですし、「日常を丁寧に送る」ということの中にはこれが含意されているのではないかということを言いたいのです。

保育という営みを私なりの言葉で一言で表せば、それは安楽さの追求です。子どもたちみんなが気兼ねなく自分自身をだして安楽に過ごせる日々を送れること。保護者にとっても、職員にとっても、そうであるような園であること。制度の改変が急速に進む現代の保育事情のもとでは、これは実際にはかなりハードルの高い目標です。さらに子どもたちは成長途上にある活力存在なので、ただ問題なく過ごしているだけでは本当の安楽さは味わえません。子どもたちの活力を十分に生かす毎日が求められます。**発達保障と安楽さの追求は表裏一体です。**

本書では、こういう保育観に立ったうえで「遊び」の観点から「アイテム」という言葉を使って四つのテーマを選んでいます。①「おいしさ」、②「金剛力パワー」、③「妖しさ」、④「安楽さ気楽さ」です。

それぞれの内容については以下の章を参照していただきたいのですが、これまでに数十年以上にもわたって、幾多の保育関係者の努力によって積み上げられ鍛え上げられてきた保育という営みの諸断面の中から「今後の保育にとっても必須のもの」として選び出したものです。諸断面ですから、これで足りるなどというものではありませんが、長年にわたって知己を得た全国各地の保育者たちの努力の一端を「保育のなかの遊び論」という視点で総天然色的に紹介するという目的も含んでいます。

本論に入る前に話の地ならしとして、以前に書いた文章（2008）に多少の補足を加えたものを序章として紹介させてください。

もくじ●「遊びの保育」の必須アイテム　保育のなかの遊び論　Part2

序　章

保育のなかの笑い

笑いとは何か？

うわーん

ある日の研究会、遅れてやってきたある若い保育者。髪を振り乱して入室してくるや、わーと泣き出す。みんな唖然。どうしたの？　と聞くのもはばかれる感じ。「わたし、わたし、やっちゃったの！」と、やがて話し始めたところによると、この一歳担任、食事中、ある子に食べさせようとしていると、隣の子どもがおかずが気に入らなかったせいかどうか、お皿の中身を取っては放りだし始める。「あらら、だめよ〇〇くん」となだめつつ、落とした食物を拾い集めていると、どんどん落としてくる。「ちょっとお、ちょっとやりすぎじゃない？」とメッと叱っても、まったく動じず、ついにお皿ごとどばーんと放り投げる。「げー」となりながら、「だめよ」とさらに叱っていると、今度は隣の子どもの皿も手にして、ばーんと放り投げ。ついに彼女（保育者）はキレてしまったのでした。「なにすんのよお！」とばかりに近くにあった空き缶（なぜかそこにあった！）でその子をカツン。うわーん、と子どもと一緒に泣き出した、という顛末。

聞いた我々一同、不謹慎にも、そうかと納得した次第。了解という意味ではなく、事態の推移が理解できたという意味です。聞いた私たちが一番聞きたかったのは、そのとき同僚はどうしていたのか？　ということでした。一歳だから複数担任のはずで近くに同僚がいたはず。その人がこの経過を見ていて最初のお皿が落とされたあたりで「はっはっは」と笑ってくれていたら、この担任もその後キレることなくもっと冷静に対処したはずと思ったからです。実はそのときもう一人も似たような状態だったりして……ははは。

ある瞬間に誰かの笑いがそこで起きるかどうかが決定的な違いを招きかねないという話です。

ちょっと場面は違いますが、あるとき、ある新幹線駅のカレーショップでカツカレーを食べていました。二口三口食べた頃、近くで叱責の声がします。みると、今年中学か高校を出たばかりといった感じのまだ童顔の少年が、店長らしき大柄の中年の男に叱られているのです。どうやら、少年が客の注文を間違えたらしい。

「……学校んときはな、お前の親が金払ってたんやろ。しかし、ここはな、わしがお前に金払ってんやで。この違い、分かるか？」

うなだれて聞いている少年。

「わしの言うてること、分かるか？」

少年、小声で、ぼそぼそと「分かるような……気がします」

同じ年頃の子ども（当時）を持つ親の一人として心の痛む場面でした。分かるわけないっつーの。

就職したての少年に、そんな理屈が分かるわけない。しかし、店長と彼との関係では、分かるか？と言われて「分かりません」と言えるはずがない。

「分かるような、気がします」……

俗に学校卒業して就職して「社会に出る」と言います。その「社会」とは、反論することが許されない人間関係の中で、「わしの言うてることが分かるか？」と問われる社会なのです。考えてみれば理不尽な話です。こういうことがまかり通る「社会」なるものに出ていく子どもたちの未来とは？……

などと、聞いているこちらまでしゅんとなって憂鬱な気分。カツカレーがほとんど喉を通らない。「そんな話を客の前でするな！」と言いたいくらいでした。

その後、店長氏の小言は延々と続き、終始少年はうなだれたままでときどき「分かるような気がします」と答えています。

やっと小言が終わって、うなだれた少年が店の奥のほうに行こうとしたとき、通りかかった同僚のおばさんが少年の肩をぽんぽんとたたいて通り過ぎました。少年がにこっとして、その笑顔が見えました。まだ、あどけない中学生みたいな少年でした。

このおばさんの肩ぽんぽんがいい。愛を込めてパットする、ラブパット（love pat）というやつです。笑いじゃないけど、効果は笑いと同じでしょう。その場というか、そのときの活動というか、これを底辺で支えていく。我々大人の世界では笑いは人間関係の潤滑油？

そうでもありますが、しかし、笑いはそういうことにとどまるものではないようです。

＊生きていることのうれしさの表明

ＮＨＫのテレビ番組「プロフェッショナル」が落語家の柳家小三次師匠（当時六八歳）を特集していました（二〇〇八年一〇月一四日放映）。修業時代の悩み（そもそも自分は生真面目で人を笑わせられるような性格じゃないこと）、現在の悩み（人を笑わせようという無理をせずに演じること、にまつわる難しさ、悩み）などを高座場面での至芸のシーンなど（これがなかなか感動的！）を交えながら描いたものですが、スタジオでアナウンサーや聞き役の脳科学者・茂木健一郎氏などとの対話もありました。その中で茂木氏の「師匠、人間にとって笑いっていうのは何でしょうか？どうして重要だとお考えですか？」に、小三次師匠、しばらくの間困惑の表情を示しつつ「そうですねえ……そうですねえ、しかし、どうして重要かと言われましても……」と言葉を濁した後で「……ふっと、笑っちゃうんじゃないですかねえ……」（笑）

続けて小三次師匠「笑っているときって、うれしいでしょう？　そういう自分のことみんな好きなんじゃないですかねえ？」

師匠の言葉を勝手にくみ取って言えば、生きていることのうれしさの表明、ということでしょうか。笑うことができるということそのものが尊いということでしょう。

畑

ある日学生たちと話していたら、昔やったいたずらの話になり、ついに親からお金を盗んだ話になりました。昔私は母の財布から千円盗んだことがあるのでその話をして、当時の千円は今の二、三万円ではないか？　などと。するとその場にいた男子学生（こいつは恐ろしく生真面目であることで有名な人）「僕は、親から盗むなんて、そんな、できません……」。「ええ？　ホントか？」「ええ、絶対人から物取るな！　言われてましたから父に」（一同笑い）。「あるとき、三年生くらいのときかなあ、遠足でお菓子買うことになってたんです。前の日の夜です。二〇〇円だったかなあ。はよう買いに行かんといかんのに、夜になってもお母さんが帰って来ないんです。明日は遠足やのに。テーブルの上には母の財布がありました。それをじいっとにらみながら、泣きましたよ。とったらアカンて。後で母に言うたら、時と場合があるやろ！　言われました」（一同、腹よじって大笑い）。

こういうとき、笑いすぎて腹が痛くなって「やめて、やめて！」ともんどりうっているとたいていは涙が出てきます。「涙が出るほどの笑い」というやつです。「四年生のときでした。クラスの女の子が笑いながら涙を流しているのを見て、『こいつ一体何なんだ？』とびっくりしたことがあります。僕はそれまでそういう笑い方を経験したことがなかったものですから……」。これはぜんぜん別の学生（二〇歳）の弁ですが、学童中期頃では、「涙が出るほどの笑い」という笑い方をすでに経験している子どもと、これを未だ経験していない子どもが同居しているらしいことがうかがえます。

＊笑わない人

これに刺激されて最近私が調査したところによると（2009a）、0、一、二歳児たちがこういう笑い方をすることはまずありません。あったとすればそれはくすぐられて苦しくなったときです。何か見聞きしたことがほんとにおかしくて笑って涙が出てくるのは幼児でも非常に希なことのようです。半数以上の子どもがそういう経験をするようになるのは小学校の四、五年生頃のようです。しかし、驚かされるのは大人です。大人になっても約一一％の人がそういう経験がないと答える（大学生四〇〇人以上を調査）のです。

笑いの経験は人によって違うようです。確かに我々大人の中にもよく笑う人とあんまり笑わない人がいます。職場のある人とか、学生時代の知り合いのあの人とか、思い出してみれば、あの人が笑ったのはあんまり見たことない、なんて。こういうことは集団にも当てはまります。講演会などでよく笑う集団となかなか笑わせにくい集団があるわけで、笑い慣れている集団とそうでない集団があるようです……こういうことはもちろん幼児にも当てはまるでしょう。だいぶ前ですが、長新太の『キャベツくん』（文研出版）を二つの園の子どもたちに（担任が）読み聞かせたところ、どちらの園の四歳児も五歳児もよく笑ってくれましたが、三歳児は片方の園の子どもたちはよく笑いましたが、もう一つの園の子どもたちはほとんど笑ってくれませんでした。うむむ……

笑いの耕され方が違っているのかもしれません。発達的にみると感情は畑のようなもので、よく耕されている畑からはよい作物がとれますが、あんまり耕されてないと作物の育ちが悪くなるということがあるのではないでしょうか（注＊）。

＊怖がることができない子

こういうことは笑いだけではなく、たとえば恐怖などにも当てはまる面があるようです。保育者たちとのある研究会でこういう話が出たことがあります。それは二歳児のごっこをめぐる話でしたが、たとえば公園などに出かけていってそこのトイレに「オバケがいるぞぉ」みたいな、オバケだー、きゃーみたいな遊び中、新入児でなかなかクラスになじめない子の場合、こういうオバケ遊びのとき、のらなくて、オバケだよーと言ってもべつだん怖がらない子がいるという報告でした。こういう報告は他の機会にも耳にすることがあり、また別の保育者たちとの研究会で「二、三歳児のごっこ」の話になったとき、「オバケを怖がることもできない子」のことが報告されていました。

考えてみますと、若い男女でも恋人同士のように親しくなっていてこそ、暗闇で「わー、きゃー」と怖がって抱きつくなどということも生じうるのであって、こういうことは疎遠な人間関係では想像できないことです。たまたま出会った見ず知らずの男同士が夜の墓場を歩いて、わー、きゃーなんてちょっと想像できません。

つまり恐怖を楽しむにはそれを楽しめるだけの経験の積み上げが必要となるのではないかということです。恐怖にも耕されてこそ育つという面があるのではないでしょうか。それは怒りにも、ひょっとしたら悲しみにも泣きにも当てはまることかもしれませんが本論の趣旨からは逸れますのでここではこの程度にしておきましょう。

さて、笑いです。

ぼこぼこ

ある園にYさんという面白い保育者がいました（残念ながら現在は定年で退職）。この人保育中に電話と聞けば「あっ、鬼さんから電話や」と子ども（二歳児クラス）を脅す。食事の配膳中、しなびた人参（こういうのを保育に必須のアイテムとしていつもポケットに常備しているらしい）をそっとある子の皿に載せる。ふと気づいた子が「あれ？」とびっくりしているのを見て、他の子たちも騒ぎだす。そこでYさん「あっ、ごめん、まちがえた」と言って、取り上げ、何気なく今度は別の子の皿にそれを……子どもたち、びっくり、大笑い。……散歩中に、昼間なのに月が見えるのを子どもが発見。見ると半月状。普通なら「よう見えたなあ」とほめるところ、Yさん「あっ、誰か半分食べたやろ！」。さっそく別の日には、子どものほうが、「あっ、Y先生、食べたやろ！」と言い出すそうな。泣いている子がいれば、「もしもし、救急車ですか？　あのう、ここに病気で泣いている子がいるんですけど……」なんていうのは日常茶飯事。

そこで、子どものほうも、ときどき、おもちゃの電話をいじりつつ「もしもし、救急車ですか？Y先生が……」なんてやり返すことも多い、とか。

Yさん、元の絵本（『おしいれのぼうけん』ふるたるひ・たばたせいいち作、童心社）も知らない子たちに「押し入れにはねずみばあさんがいるんだよ」と騒いで、子どもたちを怖がらせる。あんまり言うので、子どもたちが「Y先生はアカン！」と怒っている。そこで、同僚のA保育者がドンとYさんの背中を突いて、押し入れに押し込む。戸を閉める。やったやったと言っていたら、子どもたちが「Y先生がかわいそうだ」と怒り出す。A「だって、あんたら、さっきY先生アカンいうて、怒っとったやんか。そやから仕返ししたんやで！」と言うが、子どもたちYさんの身を案じて、承知しない。仕方なく、Aさん、戸を開けるふりをする。そして、「なかなか開かない！」と叫ぶ。それでもやっとの思いで子どもたちと一緒に開けてみると、誰もいない?!「うわー、大変だ。Y先生、ねずみばあさんに食べられちゃった！」と言うと、子どもたち、泣かんばかりに大騒ぎ。すると、こっそり布団の中にもぐっていたYさんが、ドバっと出て来る。またまた、うわーっと大騒ぎ。Yさんいわく「押し入ればあさんがこっち来い言うからついていったんやけど、あんたたちとも遊ばんならんし、どないしよう思うてたんや。そいで、お願いやし、今度にして！　言うて頼んでやっと返してもろうた」なんて、それらしく言う。「○○君、代わりに行ってきて！」と子どもたちに頼む。みんな、いやがる。「怖いのんか？」と聞くと、そこは二歳児たちでもプライドがある。怖いとは言わないとか。「まだ二歳だから（注＊＊）」とか、「一人で行きたい」とか言ってなんやかんやと言い訳する。その合間に、別の子が、怖いものにフタするみたいにそっと、戸を閉めたりする……

ある母親「うちの子どもが夕食のとき、ウメーって言うんです。変な言葉だったんで、どこで覚えたんだろうと聞いてみると、Y先生がいわはった言うんですが、先生が言うんなら責めるわけにもいきませんし、どういう意図でされてるんでしょうか？」と聞いてきた。Yさん、そっそっそ……と内心動揺しつつも、少しも騒がず、「それはねえ、子どもたちが好き嫌いしておかずを食べないとき、私が、それをつまんでちょっと食べて、ウメー言うたらおもしろがって、子どもも食べてくれることがあるんですよ……」と迷回答。

こんなことを始終やっていたら、笑いだって恐怖だってぼこぼこに耕されていくに違いないでしょう？　次は幼児の話です。

保育における二つの笑い

『みんな大人にだまされた！』（吉田直美　1997）という名著があります。報告されている実践の中身はお泊まり保育の前に届いた「ガリバーの息子のそのまた息子」からの手紙に誘われて、子どもたち（五歳児）がキャンプに出かけた山の中できもだめしをする羽目になったという話です。

Aコースは「おばけはぜったいにでないコース」

Bコースは「おばけにさらわれないコース」

Cコースは「どうなったってしらないぞコース」

何日もかけてのすったもんだの議論と経過のあげくやっと全員が、みんなでガリバーを助けるために恐怖のCコースで挑戦ということになったのです。さて、いよいよ合宿の日がやってきて、山中の時刻は夜の八時。所定の場所に集合して四つのグループ（五、六人ずつ）が順番に出かけ、暗い山道の中で大切なガリバーの旗を探すのです。

最初のグループ「さそりグループ」が出かけ、さて、待つところ五、六分。みんなで帰りを待っています。待っている子たちも気が気ではありません。次は我が身ですから。震えながら、しーんと待っています。まださそりグループの姿はありません。（以下、吉田さんの文章そのもの。）


「大丈夫かなぁ」

「旗、ないのやろうか」

待っている方も、だんだん心配でたまらなくなってきました。

みんなが「大丈夫やろうか」を連発します。

その気持ちを逆なでするように園長先生（五〇男）と山崎先生（五〇女）が「えらい遅いなぁ。それにしても遅すぎる」「そうやなぁ、なかなか帰ってこないなぁ」「なんか、あったんとちがうか」

こらっ！　自分達が楽しむために子ども達を恐がらせるんじゃない！

子ども達は、ため息ばかりついています。

待つこと十数分。やっと懐中電灯の明りが見えてきました。旗の切れ端を振りかざして、すごい興奮の声で「（旗が）あったぞうー！」と叫びながら、走って帰ってきます。待っている子ども達も、すぐに走り寄ってさそりグループを囲みます。

隆「あんなぁ、あんなぁ、木の上を見たらあってん」

理恵「赤い印（道しるべ）があったところにあったわ」と息をはずませ報告してくれました。

紅葉は緊張がとれてか、わっと泣き出してしまいました。それに気づいた都、圭恵はすぐに走り寄って頭を撫でてやります。聡はしきりに「恐くなかった、もう一回行きたいくらいや」を繰り返します。そして幸朗はただ一言「恐かった」。

（旗の一部らしい）布を広げてみると、どうやら帆の部分。子ども達はすぐにそれを囲んで「船や」「船の絵や」と大騒ぎ。懐中電灯を持っている子は、走ってきて照らしてくれます。

園長先生（五〇男）がわざと「ちがう。これは雑巾や」と言うと、紅葉がすごい剣幕で「ちがう！　旗やって！」と言い返していました。

長くなりすぎるのでこれ以上は紹介できませんが、この後、次々にグループが出発し、そのたびごとに事件、事件が起きてきて、大混乱の後、なんと「園長先生が行方不明になる」という大事件まで勃発。山中での子どもたちの大泣きシーンも描かれています。

実践の本体はこのようなものですので、子どもたちは大笑いどころか、怖がったり、大泣きがあったり、はたまた激しく怒り出したりなども含まれる抱腹絶倒の保育物語です（四年後小学生になったときの同窓会の様子も報告されています）。こういう実践の過程での子どもたちの笑いをここでは「取り組み的笑い」と名付けておきましょう。

さて、この本には（どの本にもあるように）著者による「前書き」があります。ちょっとそれを紹介したいと思います。

「おはよう。元気やったか。どれどれ、元気やったかどうか診たろ」。

保育園の朝のひととき、挨拶がわりに、子どもたちののどの奥をのぞいて歩きます。大きな口を開けて見せる子ども達に「元気なのどちんこですねぇ」「立派なのどちんこをお持ちですねぇ」などと言いながら、小さな画用紙にのどちんこの絵をかいて渡してやっていると、あっという間にのどの診察（？）とのどちんこの絵を求めて子ども達が集まってきました。

子ども達も「すごーい」「ほんまに立派なのどちんこやわ」などと、画用紙の見せ合いを始め、お互いののどちんこを覗き合います。

何がすごいのか、どう立派なのかは分かりませんが、子ども達は、やたらお互いののどちんこを立派だの良い形だの誉め合い、画用紙を自分のカバンにしまったり、ロッカーに貼りつけ

たりしました。

一人が「ありがたい。ありがたい」と手を合わせて拝みながら、ロッカーに片づけたりすると、みんながそれに続きます。私は『みんなののどちんこ』と題して、ざら紙に全員ののどちんこをかいて、しばらく部屋に貼っておきました。子ども達ものどちんこの一覧表を作って貼りまくり、あっという間に部屋はのどちんこだらけになってしまいました。家に帰って「先生がのどちんこが立派やって言ってはった」と報告する子もいました。

私は、こんな〝しょうもなくて楽しいこと〟が大好きでした。

恐い話が流行っているときに「おばけに名前を覚えられてはたいへんだから」と声を出さずに口を大きく開けて出席をとりました。子ども達は「はい」と返事する代わりに、舌をぺろっと出したり、ウインクで答えたりしました。しばらく声を出さずに何か言い、舌やウインクで答える遊びが流行ったりしました。この出席取りは予想以上に楽しく、その後形を変えていろいろ遊んでしまいました。

あるときは名前を逆さから呼んで出席を取りました。

「うえむら　ひかるくん」は「るかひ　らむえうくーん」。

子どもたちは「はーい」ではなく「いーは」と返事をします。

親の名前を使って「上村誠さんの息子さーん」と呼ぶ時もありました。子ども達は「あっ、おれや、上村誠の息子は」と手を挙げて答えました。中には自分の父親に「父ちゃん」以外の名前があることを、このとき初めて知った子どももいました。名前に、濁点、半濁点をつけて「うえむら　びがるくーん」「ばぁーい」とやったり、英語呼びと言って「ミスターひかる　うえむら」（英語っぽい発音でやるのがコツ）「イェッサー」などとやったりしました。

子ども達も、こんな〝しょうもなくて楽しいこと〟が実に好きであったし、保育園はそんなことがいっぱいあるところでした。この本は、子ども達と過ごした〝とんでもなく楽しい〟日々の記録です。

＊「取り組み的笑い」と「生活的笑い」

いかがでしょうか？　これがこの本の前書きなのですが、本体の実践の面白さに勝るとも劣らない面白さがあると私には思えます。保育者でもない私のような人間が言うのも変ですが、保育は毎日毎日のものです。そしてその一日は朝の「おはよう」から晩の「さよなら」まで、ご飯食べて、お昼寝して、おやつも含んで、これ、これ、かなり長い。そういう日常生活の上にあれこれの保育の取り組みというものがいわば乗っかっているわけです。そういう生活の一コマひとコマの中に位置付いている笑い、これを私は「生活的笑い」と名付けたいのです。

吉田さんがこの本で主に紹介しているのはもちろん「ガリバー」をめぐる子どもたちの遊び経験であり愉快きわまりないその取り組みの全容なのですが、そういう取り組みの背後に、これを支えるものとしての、毎日毎日の一コマひとコマの中に生きている生活的笑いというものがある。

「取り組み的笑い」と「生活的笑い」、この二種類の笑いを視野に入れて考える必要があるように思えます。両方の笑いが相乗作用を及ぼしながら展開していく、これが保育所保育における笑いというものなのではないでしょうか。

注＊）この考え方の背後にはその一つとして近年の感情研究における動向変化があります。成熟説的な考え方が強い Izard,C. らの基本情動理論に対して、経験の違いに応じて情動・感情は構成されていくという考え方（構成要素主義、社会的構成主義、機能主義、ダイナミックシステム論など）が九〇年代から二〇〇〇年代にかけて優勢になってきています。この事情は邦訳されていませんが What Develops in Emotional Development? edited by Michael F.Mascolo and Sharon Griffin. Plenum Press, New York, 1998 が詳しい。

注＊＊）「まだ三歳だから」の誤記である可能性もあります。

第1章
「遊びの保育」の必須アイテム
その①
おいしさ

食べることを楽しむ子ども

実のなる木

京都のある園の理事をしています。その園の園庭は殺風景この上ない。砂場と古ぼけた木工の大型遊具が一つと花壇以外には桜とグミの木が一本ずつあるだけです。何とかできないかと考えた私は、数年前に給食室出身の谷園長や保護者会長の山崎さんと相談して木を植えることにしました。もちろん実のなる木です。

この園は保育目標に「食べることを楽しむ子ども」を掲げているような園で、B級グルメオンパレードの保護者会主催のバザーや、秋には職員と保護者総出のサンマの丸焼きパーティ(豚汁付き)があり、冬は餅つきと、こういうことが大好きな園なので、すぐさまみんなの同意が得られました(運動会の日は公園におじいちゃんおばあちゃんも含めて、みんなでお弁当やビールを持ってきて、テントの下に各自シートを敷いてわいわいと食べ合います。公園が一時的なお祭り状態になるのです。昔の運動会ではこういう光景はありふれたものでしたが、この頃は意外に少なくなっていて、京都でも午前中の競技が終わると、みんなさっさと帰って行くという園が多くなっているようです。運動会が純粋な運動能力の発表会になってきていて、お楽しみ会ではなくなってきているようで、さびしいですね）。

冬のある日、会長の山崎さんや数人の職員の手を借りて園庭の隅に穴を掘り、柿の木とブドウの木の苗を植えました。そして翌年にはビワとミカンの木を植えました（このときは年長児たちに穴掘りを手伝ってもらいました。わいわいがやがやで、これはこれで愉快な時間でしたが、ビワの育ちは今ひとつですし、ミカンの木は枯れかかり今消滅しかかっています。植え付けが雑だったせいなのか、毎日子どもたちに面白半分に引っ張り回された結果なのか分かりませんが、かなりヤバイ状態です）。が、柿は三年経って実を付けはじめ、ブドウもつるがぐんぐん伸びてきて、「ブドウ棚」作りへと進みました。今年は実がなるかなあ？　とみんなで期待しています（「みんなが食べられるくらいできたらいいなあ」という素朴なものから、勝手に大量イメージを抱いて、「生協に出荷して財政の足しにしよう」などと妄想抱く職員もいたり、笑えます）。

私は、可能な限り、園庭に食べられる実がなる木を植えるべきだと考える人です。桜よりサクランボ、柿、夏ミカン、グミの木は最低欲しい。見た目がきれいな花や、子どもたちが木登りできる大きな木も欲しいですが、やっぱり食べられるものがイイ。食べられる野菜や果物が植えられる畑が欲しい。以前に大学の附属幼稚園の園長（たったの二年間でしたが）を仰せつかっていたときも、園庭にどんな木を植えたいか用務員の神谷さんと相談したとき、二人で即座に合意したのはアケビ、柿、グミでした。O157や放射能問題もあってなかなか険しい現実ですが、乳幼児期の子どもたちにとって食べるということ、おいしいものを目にし、それを味わえるという経験は至高のものであろうと思っています。全国各地に「柿泥棒」の実践があったり、魚釣りの実践があったり、散歩先で子どもたちが収穫（?）してきたイチゴやヨモギやツクシンボ、山菜類を素材にしたクッキングの実践が見られるのは至極当然のことなのであろうと思っています。

「おいしさ」は遊びの保育の必須アイテムなのです。

給食人

「フランスには『コックの不機嫌、ペンキ職人の上機嫌』ということわざがあるそうです。料理というのはあれこれ工夫を凝らしても、それで良かったのか悪かったのか、これすべて相手次第です。自分では良いと思っても客になる相手がどう受け止めるか、結果の善し悪しが分かりにくい。これに対して、ペンキ職人の仕事は結果が分かりやすい。どこまで進んだか、はたまたその出来映えも一目瞭然。『ようし、今日はここまでだ、さあ、酒でも飲みに行こうぜ』ってな具合になる、という意味なのでしょう。ほんとにそうかどうかはともかくとして、結果が分かりやすい職種の人は陽気な性格になり、善し悪しの判断が難しい職種の人は気むずかしい性格になりやすい（外国のことわざです。関係者の皆さん、ごめんなさい）というたとえ話なのでしょう。お父さんやお母さんがお迎えに来るまでの間、赤ちゃんから幼児まで小さい子どもたちが生活している保育園には給食室がありますので、ここにもコックさんたち（調理師＆栄養士：現在のところ女性が多いです）がいます。子どもたちが食べるお昼ご飯や大好きなおやつなどを作っています。通称『給食室の先生』と言われています。この人たち、どういうわけか陽気な人たちが多いようです。

この本は、コックなのになぜか陽気な給食室の先生たちが書き留めた日誌を元にしてできた本です。ことわざで『七歳までは神のうら』などと言われてきていますが、我々大人の常識では計り知れない赤ちゃんや幼児たちと関わる仕事の愉快さをお伝えしたいと、腹を抱えて大笑いというほどではありませんが、ほんのり『うふふ……』と笑える話をそろえてみました。

本文中で『0歳児』と出てきたら『赤ちゃん』を想像し、一歳児と出てきたら『よちよち歩き』の子どもを思い描き、年長五歳にもなればときに『うむむ……』と生意気な口もきく立派な子どもの顔を思い浮かべながら読んでください。」

これは『給食人』（2007）という本の「まえがき」として書いた私の文章です。私の知り合いの京都の給食室の先生たちには面白い人が多くて、子どもたちと愉快な関わりをしているのでぜひそれを本にという願いから生まれました。

お弁当の日、ふじ組（四歳）のふみちゃんは、身体に良い玄米ごはんをもってきました。

「ふみちゃん、これ、何ごはん？」

と聞くと、

「あのね、ぜんまいごはん」

うーん、たしかに響きは似ている……。ちょっと笑ってしまいました。

お当番さん（年長児）が、給食室にやってきて、
子ども「今日の給食何ですか？」
給食室「今日は、ごもくにまめ」
子ども「ごおく、みまめ？」
給食室「ごもく、にまめ」
子ども「ごみょく、みがめ？」
給食室「ごもく」
子ども「ごもく」
給食室「みまめ……。あ、まちがえた。に・ま・め」
たしかに言いにくい。

〈子どもたちにお手伝いをしてもらうこともあります〉

今日のお手伝いは、ゆり組（五歳）のゆうとくんとたつきくん。味噌汁の豆腐を切ってもらいました。慎重に慎重に、豆腐をこわさないように、大きさを揃えようと切っていました。「ふーっ……」とためいき。肩に手をやったり、首を曲げ伸ばししてみたり……緊張して肩がこったみたいでした。

散歩から帰ってきたもみじ組（0歳）さんが、給食室の前でにこにこして見ています。

（別の園）そう組（三歳）に、とうもろこしの皮をむいてもらいました。

ひな「とうもろこしって寒がりやなあ。だって、いっぱい服着てるもん」

しょうへい「かわむいてきたら、バナナでてきたみたい」

子どもって、こんなかわいいこと思いながら仕事ができるんだなあ。


一歳児がとことこ歩いて給食室にやってくる。お皿を返しに来たのです。見るとお皿の上に紙切れがあり、担任の字で「○○をよく食べたし、はめてあげて」とありました。意を汲んで「○ちゃん、○○食べたん？　えらいなあ」で、にこにこ。

こういう話が満載されている本です。給食室の職員と保育士や子どもたちとの関わりという点で

は京都・西野山保育園の森田光江さん（2015）が「子どもってすごい」と題して、0歳から五歳まで各クラスの保育と子どもたちとの関わりを描きながら、その愉快な様子を報告しています。一部だけでも紹介してみましょう。

0歳児：給食室のカウンターにつま先立ちで必死に立ってのぞき込む0歳児たち、ちょうどいいところにカウンターの板があるので〝パクリ〟と噛みついたり（いつでもOKよと毎朝きれいに消毒しています！）つかまり立ちがやっとの子は必死でカウンターをぎゅっとつかみ「もう耐えられない…」「うわぁあああ～ん」と泣き出したり……カウンター近くでは離乳食を作っているので、ちょっとお味見したり、旬の食材をいじったりします。

しゃべれるようになった一歳児たちは「何ですか?」と立ち寄って「○○」と言うと「やったー」と飛び跳ねる、（メニューが何であれ「やったー」と同じパターンで飛び跳ねる子もいますが、お気に入りのときとそうでないときで微妙に飛び跳ね方がちがう？　とか……）

二歳児クラスでは『じゃがいもポテトくん』（長谷川義史作、小学館）という絵本が人気になったので、担任がその絵本の中に出てくる料理ポテトサラダをお弁当の日に子どもたちの日の前で作って見せてあげることにしました。皮をむいて「ムキムキ」、お風呂にはいって「グツグツ」、潰されて「ギュッギュ」と身体を使って自分たちがお芋になっているかの如く、大人の作るときの様子を真似て、その後も（ごっこにして）遊んでいたようです。こうしてブームになっていったようなので、給食室も乗って牛乳パックの裏にそおっと（登場人物の）ジャームスの絵を描いておいたら……（？？？詳細は本文に。この後三歳、四歳、五歳と続きます。）

などなど、給食室の職員が保育者でもあることを実感させてもらえる話が満載されています。

親の安心・子どもの和み

一昔前の日本家屋では厨房・台所は奥まったところ（北側だったりする）に隠れていて、そこから調理された食べ物が運ばれてくるダークな秘所でした。はっきりと変わり始めたのは八〇年代頃でしょうか？　家の建て方そのものが変わってきました。以前とは違って台所を明るい居間の中心部に置いて、対面カウンターなども設置して、調理そのものをもみんなで共有しようとする、食べることと調理すること（あるいは生産すること）を分離しない、これが現代の日本がようやく獲得しつつある食文化なのです。こういう事情は保育所にも当てはまるようです。苦労して寄付金などを募った結果、老朽化した園舎を建て直せるという幸運に恵まれた園では、たいてい給食室を園の中心部にでーんと据えて、しかもガラス張りにする傾向があるようです。中で調理にいそしんでいる先生たちの姿が見えて、泣く子もつられるおいしい香り。子どもたちが「今日のごはんは何かな？」とのぞきに来て「あっ、今日は炊き込みご飯や、僕食べたことあるで！」とおしゃべりが始まる。ときには調理に使うさやえんどうやにんじんやたまねぎなどをホールに持ち出してきて、皮むきを子どもたちに手伝ってもらうこともあります。そのときのいつにない子どもたちの真剣な表情に思わず笑ってしまう。散歩に出かけていった先でもらってきた野菜や果物を給食室に持ち寄ったら、丁寧に洗ってくれた後、給食に添えてもらえる。「うゎーい」というわけです。きゅーり嫌いの子がこういう日は何故かぱくりと食べたりする。

しかし、給食室をできるなら園の中心部におきたいという現代的傾向の背後には、食文化の問題だけでない何か、があるようにも思えます。

＊給食室は園の心臓部

京都のある園の卒園式を何度かのぞかせてもらったことがありますが、お別れにあたっての一人ひとりの保護者の方たちの園での思い出や感謝の気持ちを語るスピーチの長さに驚ろかされましたが、そういう中で必ず語られていたのが給食の話でした。

「決して自慢の出来る親ではなかったので先生たちにも他の保護者の方にも迷惑のかけどおしの六年間でした。特に子どもには負担のかけ通しでした。朝ご飯だって、夕食だって、仕事と家事に追われて、いい加減になりがちでしたが、それでも何とか過ごしてこれたのは園の給食のおかげです。うちの子はきついアレルギーがあって食事のことでは落ち込むことも多かったけど、給食室の先生たちをはじめ園の先生たちの配慮のおかげで乗り切れてきたと心底思います……」みたいな話が延々と続くのです（最近、この園の給食人である宮田隆子さん（2015）が卒園式で保護者から感動の贈り物をもらいました。毎日展示していた「今日の給食」をある保護者がそおっと内緒に撮っていてその一二〇食分のカラー写真を一つのクリアファイルにして給食室に「ありがとう」プレゼントしたというのです。もらった本人も聞いたみんなも涙の感動事件でした）。

自分の子どもの保育園時代を振り返ってみても、こういう感想の真意は痛いほど分かります。親の願いは、運動面での育ちや知的な面での育ちももちろんですが、特に保育所では基本となる生活の面（寝ることと食べること）での毎日毎日の安心はかけがえのないものです。その安心の中心を給食室が担っているという実感は保護者であれば多くの人に共通するものでしょう。

京都のくりのみ保育園の経験豊かな給食人・谷康代さんはある雑誌の中で、離乳食作りに不安をかかえがちな若い保護者に離乳食作りの基本を伝授しながらも、でもねと「だいじょうぶ、わたしたちもお母さんたちもそんな立派な離乳食食べて大きくなったわけではない。でも、ちゃんと食べられるようになったやん。離乳食作ってしんどくなって子どもにイライラするくらいやったら、作らなくても大丈夫、保育園でしっかり食べてるからね」と園を頼ってくれと太っ腹なところを見せています。

時間に追われがちな現代の子育て事情と、調理経験の少ない保護者が増えてきている中で、保育園における給食室の位置は年々大きくなってきているのではないでしょうか。今や給食室は保育園の心臓部であるといっても過言ではないと思います。

＊食の和み効果

保育園での子どもたちの日々は泣き笑いの連続です。楽しいことがあったり、愉快なことや面白いことがいっぱいあって……というばかりではありません。笑いが絶えないというのが理想ですが、悲しいことや腹の立つこと怖いこと、ときには恥ずかしい思いをすることだってたくさんあるわけです。そういう人間的感情の豊かな耕し経験こそが乳幼児期に必要なエネルギー源でしょう。だからこそ保育にはある種の緩衝装置が必要となるのです。それは衝撃を柔らかく受け止めるクッション、あるいは苦い薬を包み込むオブラートです。このクッション役を果たすのは保育士の重要な仕事の一つであり、その集団が織りなす暖かい雰囲気に包まれていてこそ、子どもたちの経験が生きたものになるわけです。怖かった、でも楽しかった。悲しかった、でも先生にだっこしてもらえたからいい。

でも、保育における緩衝装置は保育士とその集団の雰囲気によって作り出されるものだけではないようです。遊びの研究者である私が保育園における子どもの遊びと給食とのつながりを意識し始めた最初のきっかけは二〇数年も前のことですが、たとえばこういうことでした。

幼児の保育場面に加わったとします。午前中なら近くの公園などに出かけて鬼ごっこなどが始まります。やんややんやと遊んでいれば、そのうちけんかも起きるし、転んで泣き出す子も出る。もうそろそろお昼の時間、保育者は帰り支度を始めます。それなのに泣きじゃくって立ち上がれない子がいたりします。他の子たちも取り巻いてみんなで困ったなと思っている。そういうときに担任が「もう帰ろうな、お昼やで。給食の先生がな、おいしいご飯作って待ってるで」とか言います。これで単純に泣きやむ、というほどに甘くはないのですが、どこか微妙にその場の雰囲気が和（なご）むのです。白然と、さあ帰ろう、という雰囲気になる。

これって何だろう？　食の和み（なごみ）効果、クッション効果ではないでしょうか。大人の世界でも、人と人が出会ったり、何かのご縁があれば、「では、夕食でもご一緒しながら」とか言い出しますし、難しい話をしている最中に「では、そろそろお茶の時間ということで……」などと会議中にお茶やお菓子が出てきたりします。食べるということは何かの緊張を緩和する作用を持っているのでしょう。同じ議論でも食べながらやるとけんかになりにくい？　子どもたちが給食室やそこでおいしい物を作ってくれる先生たちに独特な親近感を抱くのも無理からぬことです。

朝登園してくるや給食室に立ち寄り「あんな、今日な、寒いやろ」などと話しかけてきたり、散歩から帰ってくるや「大変やー」と散歩先で出会った大事件を給食室に真っ先に報告にくる。勝手に作ったおみくじを持ってきて「ひいて」。何を話しかけるわけでもなくただ近くに寄ってきてにこにこしているだけの子も。

中には午睡前に「パジャマがない」とやってくる子もいたりします。給食室は何でも出てくるドラえもんの四次元ポケットみたいに思ってるのでしょうか（笑い）。

給食室とそこの職員は給食担当の保育者なのであり、食べるものを作るという強力な強みを背景にして保育の場に独特な和（なご）みを生み出すことができるのです。センター給食ではとうてい望めない保育というものの基本の姿でしょう。（加用　2009b）

給食室の仕事から…

京都のいろんな保育園の給食室の先生たちの自主的な研究会（月一）に参加するようになりました。私は発達心理学が専門ですから、調理や栄養学についてまったくの素人です。「どうして給食室の研究会に行くの？」なんて真顔で聞いてくる人も多いですが、正直言って、この研究会で話題になることにはほとんどついていけていません。というより新鮮な話題だらけです。「へー」とか

「はー」とか「うー」とか意味不明の相づち打ちながら聞いているだけというのがほとんどです（笑い）。「年間計画の表を持ち寄ろう」とか「お正月料理どうしてる？」とか「運動会前の頑張ろうメニューってどうしてる？」、「（それぞれの園で使っている）食器の交流会しようか」なんかのときは、へー、あそこの園はこういうの使ってるんだなあ、作ってるんだなあとか、それが写真付きだったりしたら「なかなかのもんじゃん」と感動したりしますし、園内での待遇や条件面での違いなどの話になると、一緒になってうなったりします。輸入食品の安全性をめぐって税関を見学に行った話、農業の基盤を脅かすＴＰＰには不安がいっぱい、原発事故にはみんなで心を痛め、再稼働なんて許せないと怒り、いろんな食品の放射能度の測定をどうしているか、各食品の産地情報のチェック、卒園した子どもたちが通うことになる学校の給食はどうなっているのか？　アレルギーのある子どもたちにちゃんと対応してくれているんだろうか？……話題は驚くほど広範囲にわたります。まるで日本の政治の縮図を見せられているようです。

アレルギー問題などは何度取り上げても話題がつきません。全国各地でのヒヤリハット事例の勉強会、コピー食品を作るためのつきない努力を一方で続けながらも、非常勤職員を含めた複雑な勤務体制を強いられる昨今では、誤食の危険を避けるために見かけが似ているコピー食を作ることをやめなければならなくなる場合もあるとか、赤ちゃんの離乳食で新しい食材を導入するとき、園と家庭、まずどっちで始めるべきか？　その際の注意事項は？　アレルギーがある子の保護者にまず尋ねたくなるのは「どこの病院にかかってる？」だよね、とか……（アレルギーへの対応は医師の間で統一されていない、というより実際にはかなりばらばらなので、違う病院にかかっている保護者がそれぞれ違った要求を出す結果になって、このつけが給食室にまわってきます）。

こういう複雑でやっかいな問題群の中でみんなが奮闘している様子がうかがえる研究会なのですが、「次回は何のテーマにする？」で「○○を作って食べよう」となるとそういう日は一番盛り上がります。本格的にうどんを作ろう、とか、味噌造り、バーベキュー、ついでに火おこして飯ごうでご飯炊いてみよう♪♪

先日は「だしづくり」がテーマでした。テーブルの上にコンロを置いて、鍋に昆布入れて……この昆布も○○産がいいか、どのタイミングで昆布を入れるか、入れたまま？　取り出す？　何分ゆでる？　鰹だしはどうする？　荒削り？

こういう調理の込み入った話題になると私などはまったくついていけません。できた段階で「食べてみて」と言われて食して「うん、うまいよ」。これだけです。

つくづく分かったことは彼女（彼）らが食べる物を作ることが大好きらしいということです。作っているときみんな実に生き生きしているのです。

＊喜ぶ顔が見たい

だから給食室の先生たちは、ただ作るだけじゃなくて、子どもたちが食べているところを見たいのです。手が空いた隙に交代で保育室をのぞいてみる。子どもたちがわいわいがやがやと食べている。その様子を見ながら、野菜の刻み方を変えてみたり、保育士と相談しながら偏食のある子向けに味付けの工夫をしてみたり、来週のメニューではあれを使おうとか、今日は○組の保育の進行が遅れているみたいだからおにぎりに変えてあげたほうがいいかな……そういう工夫の瞬間をわくわくしながら楽しんでいるのです。

そして、やっぱり一番は一緒に作りたい。ときには保護者向けに調理実習することがあってもいいし、担任と協力して子どもたちとクッキングするのが楽しい。食育ということもあるけれど、なによりも食べるものを作る過程を楽しんで、自分たちで作ったものはおいしいなあと思い合いたい。0歳の赤ちゃんたちには、作るところを目の前で見せてあげたいし、一、二歳なら白菜やキャベツの引きちぎりくらいなら自分でできるし、ほんとに楽しそうに手伝ってくれる。三歳、四歳、五歳なら、もう立派なコックさんたちになれます。うどんづくり、ピザ作り、餃子、焼きそば、みんなで用意するそうめん流しや餅つきや秋刀魚焼きパーティも楽しいぞ。食材を求めて子どもたちと一緒にお店に出かけたという実践だってあります。

遊びの保育の必須アイテムその①は「おいしさ」です。「おいしさ」は子どもたちの日常を根底から支えて一日を彩るものですが、一生涯にわたって、生活の一コマひとコマを丁寧に楽しく生きる精神の基盤を作り上げていく営みでもあります。

この頃はバイキングとまではいかなくても配膳を自分でやって量を加減できるやり方をとってい

るところも多くなってきているようです。

先日、保育士も交えたある研究会では「食べたいものを食べたいだけ食べさせてあげる」という実践提案が話題になりました。「うちではなかなかそこまで踏み切れない」という意見から、「でも、この子にこれ食べさせなきゃって思ったり、一口だけでもって接していると、その場の雰囲気が楽しくならないことってあるんだよね」、「そうね、でも……」と議論は尽きません。「うちの若い保育士で、たとえばにんじんばっかり食べたがる子に、『わー、すごい、じゃあ、これもこれも……』って勧めていって食べたいだけ食べさせて喜んでいる人がいて、妙に感動した。その場が楽しい雰囲気になるのね」「二歳の子で、白いご飯しか食べない子だけど、どういうわけか食事の時間そのものはスゴイ楽しみにしているみたいで、不思議。自分は食べられないものが多くても、みんなが楽しそうにしている、そういうまわりの雰囲気が好きなんだと思う」「楽しい雰囲気に釣られて少しずつ食べられるようになるって思ったほうがいいのかも……」。

時代の流れはどちらに向かっていくのでしょうか。

第2章
「遊びの保育」の必須アイテム その②
金剛力パワー

子どもは活力存在

（北国だから）雪が降る。そうすると、もうじっとしてはいられない。（中略）（雪合戦となる。）ほとんどの子が保育者を狙う。圧倒的に多勢に無勢だ。だが、ここ一発の破壊力に関しては保育者が数段優っている。だから、接近戦になると、その破壊力がしばしば子どもを泣かす。

保育者からの直撃弾をくらって泣きだした子に、「ごめんね、平気？」と駆け寄るような保育を残念ながら、かたひら（保育園）はしていない。「何泣いてんの、先生なんかみんなから当てられて、もっとひどかったんだからね！」

泣いている子にはもう一発直撃弾をお見舞いする。ただし、今度は当てる場所を冷静に考えて。

たいていの子は、これでかえって立ち直り、またしても保育者に雪玉を投げつけてくる。

「ひゃー、たすけてー！」

＊「保母」は「保育者」に変更。（）内は著者の補足。

これは、仙台のかたひら保育園がずいぶん前に出した『ゆらぎつつ育て』（玉井邦夫 1991）という本の中の一節です。この本にはずいぶん勉強させていただきましたが、この一節は特に気に入っていて、「『泣いている子にもう一発』という、この奥の深ーいデリカシーが愉快ですよね」というコメントを添えて、何回も引用したことがあります。

パワーですね。これは、立ち直ろうとする子どもの力への確信が、その瞬間に保育者の内部に魔法のように湧き上がってくるというパワーであり、実際には判断を間違えてさらに泣かしてしまう結果になる場合もあり得るわけですが、まあ、それはそれでいいかあ？　みたいなお笑いパワーでもあるでしょう。子どもたちを「抵抗性ある主体」と見なしてそれを愉快がる人間観と言えるのかもしれませんし、可能な限り子どもと「対等に関わる」ことを信条にしている保育とも言えるでしょう。運動会の大人対子どもリレーでなら、気弱で余計な配慮心でわざとらしく負けてやったりせずに、途中にハードルを設けてハンディをつけてでもして全力で対抗して、ときには大人チームが勝って「やったー（くやしかったら大人になってみろー）」と喜ぶような感覚です。

保育者が子どもたちと本当の意味で共感的に関わるには、ときにはもらい泣きパワーもありますが、こういう対等性に満ちた金剛力パワーもぜひ欲しい。

しかし金剛力パワーは実に多様です。総まとめ的に述べることは難しいですので、いくつかの典型例を紹介していきたいと思います。

二人だけで食べよう

だいぶ前に京都の私の友人保育者・見神守（当時四〇うん歳男）さんから聞いた話です。題して「ひろくん事件」。

ある日の年長クラス、おやつの時間。当番になって、前に出ているのはひろくん。日頃のひろくんはどちらかといえば影が薄い子。あちこちのテーブルの上におやつの皿が並べられ、おやつのおせんべいやら牛乳やらが並べられている。その最中、部屋中ががやがやしている。あちこちで元気なおしゃべり中。ひろくん一人が前に出て、担任（見神）の横に立ち、「みんな、自分のがありますか？　お皿をよく見てください」。だーれも聞いていない。がやがや……

再度ひろくん「みんな、自分のがありますか？　お皿をよく見てください」。がやがや。誰も聞いていない。再度ひろくん「みんな、自分のがありますか？　お皿をよく見てください」。やはり、誰も聞いていない。再度ひろくん「みんな、自分のがありますか？　お皿をよく見てください」。四回目です。同じ。

見かねた担任の見神、ちょっと声を大きくして、明らかにクラス全体に聞こえるように……「いいよ、もう、な、ひろくん」。

それでも、がやがやは収まらない。そこで見神、ひろくんに「しかたない、ひろくん、先生もおなか空いたし、二人だけで食べよう、な」と、いつもの「いただきます」無しで、二人しておせんべいをぼりぼり食べ始めた。牛乳をごくごくごく。だんだんクラス中が静かになっていき、子どもたちが驚いている様子が分かる。

それでもかまわず、見神ちょっと声を大きくして「しかたないよな、ひろくんが何度もみんなに言ってんのに、だーれも聞いてくれないんだもんな。しかたない、先生もおなか空いたし、二人だけで食べよう、な」と、二人して、ぼりぼり、ごくごく……シーンとなった部屋中に、このぼりぼりとごくごくの音が不気味に響く……ぼりぼり、ごくごく……

最初に沈黙を破ったのは、クラスの中で一番の影響力を誇る男の子Kくん。ここは俺がおさめねばならんだろうと思った（?）のか、とことこと歩いてきて、ひろくんと担任の見神の前に立ち、「ひろくん、ごめん、ゆるして、ちゃんと聞くし」。じぃっとそれを聞いていたひろくん「ゆるっ、さん」

がーん、予想もしなかった返答に、Kくん完全に動揺。クラス中にド沈黙が勃発（担任の見神、驚きつつも、これは事件だーと狂喜）。

なすすべもなく、落ち込んでKくんが去っていく。その最中、担任見神はぼそぼそと「しかたないよな、ひろくんがなんべん言うても、きかんかったんやからな……」とつぶやきつつ、二人のぼりぼり、ごくごくの音だけが不気味に続く。

一度は落ち込んだが、Kくんが再起。再びやってきて、「ごめん、ほんまにごめん、ほんまにあやまるし、ゆるして」。ひろくん、じぃっと考え込んでいたが、「ゆるす」。

わーっと子どもたちが寄ってきて、みんなしてひろくんと見神の前に列を作って並びだし、一人ずつお辞儀しつつ「ごめん、ゆるして」。そのたびにひろくん、相手を見て握手して「ゆるす」。次の子が来て手を出し「ごめん、ゆるして」。ひろくん「ゆるす」と握手。

ゆるすと言われて握手してもらえた子はとたんに笑顔になり、わーいと席に帰って行く。これを順々に繰り返していく。しかし、この中でも、「ごめん、ゆるして」に「オマエはゆるさん」と言われ、握手してもらえなかった子が二人ほどいたとか……（この後、二人がどうしたかは残念ながら聞けていません。笑い）

＊抵抗性

「ひろくん、ゆるさん事件」の顛末でした。「抵抗性ある主体」を示したひろくん。めげずに再起してきたKくん、呼応する他の子どもたち、実に愉快な事件ですが、こういう経過をまねいたのは、もちろん、担任の「しかたない、ひろくん、先生もおなか空いたし、二人だけで食べよう、な」でした。いつもこんなことをしているわけではないでしょうが、ひろくんにもクラスの子どもたちにも対等に語りかける金剛力パワーの発揮でした。子どもたちの間に愉快な抵抗性を育て上げるにはこういうパワーが必要なのでしょう。

見神さんの保育の真骨頂についてはまた後でも触れますが、いずれにしろ相手が大人だろうと子どもだろうと、かんたんに言いなりになって毎日を過ごしているようでは、先々心許ない。子どもの活力は、まず抵抗から！　です。

しかし、抵抗にもいろいろあるようで……まず気合いの入った二歳児を紹介しましょう。

園庭でごっこ遊びを広げる五歳児の女の子二人。

ジロジロ見ている二歳児。

見るな！　と言わんばかりに「ねんちょうをなめんな！」と息巻く五歳児の女の子。

負けじ！　とやり返した二歳児の男の子。「くまぐるーぷをたべんな！」

（「なめんな」の意味が通じなかったらしい：京都・たかせ保育園の谷口敦子さん（2015））

今度は三歳児です。

京都の射場美恵子さんが記録した食事場面の会話です。

たつおくん「きのうテレビ見てたら、ばばあがでてきたんや」とケラケラ。

保育者　「すぐに、ばばあやじじいっていわんといてほしいわ。たつくんだって、そのうちじじいになるんやし、先生だってばばあになるんやもん」

しばらく、黙って考えていたたつおくん……

たつおくん「なあ、ねずみばあさんてゆうてもいい？」
保育者二人は大笑い。
保育者　「そうや、ねずみばあさんはゆうてもいいわ」

こういう会話って食事場面で出やすいと思いませんか？　「おいしさ」が誘い出す会話には独特のゆったり感があります。この例のたつおくんの抵抗ぶり、愉快ですね。しかし、それを引き出したのは担任のやんわりと子どもに対等に関わる金剛力パワーでした。ここでも金剛力パワーは健在です。

（付記：射場美恵子さんの記録は神田英雄さん（2013）の最後の著書『続・保育に悩んだときに読む本』からの引用です。）

他方、金剛力パワーはノセのパワーでもあります。無数の実例があると思いますが、ここでは「ごっこの舞台装置利用」と題してみましょう。

ごっこの舞台装置

話を分かりやすくするために、ささいな例ですが、まず二〇数年も前に書いた私的事例から始めます。

電話

冬の日曜日。こたつに座って洗濯物をたたむ。なぜか肌寒い。「たっくん、たっくん、向こうの窓開いてるよ。閉めてきて」。四歳の長男、ライブマンだのロードセククーだののおもちゃをいじって、なにやら没頭中らしく、返事がない。振り向きもしない。無視しているというより、聞こえていながら聴いてはいないというところだろう。ずいぶん前からこういうことが多い。

もう一度、今度は大声で「たっくん！」。今度は確かに聴いたはず。手が止まっている。なのに、ニャロメ、うつむいたまま。

ならばと私。姿勢を起こして、「ジーコ、ジーコ」と言いながら、手でダイヤルを回すしぐさ

（昔の電話はこうでした）。「もし、もし、たくみ君ですか？」。こっちを見ている気配はないが、耳をすましている様子。気にせず「もしもし、あのー、すみませんがあそこの窓を閉めてほしいんですけど」とありもしない空中の電話に向かって言う。黙っている。もう一度「あのー、もしもし」、「やーだー」の返事。「そんなこと言わないでやってくれるとありがたいんですけど」に、「もう一回はじめから」。

やったー！　のってきた。こうなればしめたもので、「分かりました。もう一回お電話いたしますので。ジーコ、ジーコ……」。言い終わるのを待っていました！　とばかりに、ドドーっと走って行ってバタンと閉めてそしらぬ顔で戻ってくる。妙にわざとっぽくすまし顔。

その様子を六歳の長女が優しい笑顔（こういうときの子どもの表情はなぜか絶品！）で見て、「たっくん、恥ずかしがってんやで」と言う。

なるほどそこまで見抜かれているようでは、こういう手が通じるのも幼児のうちだけかと思う。

確かにこういう手が通じるのはせいぜいでも年中さんくらいまでかもしれませんが、よく知られているように二歳以降の子どもたちにはかなり効果的です（なかなか着替えを始めない子に、大人が「あれ？」という表情をして「このロボット、壊れちゃったのかしら？　えっと、ボタンは？」と、子どものお腹をプチンと押してやると、「がー」とかと動き出したり……）。何故なのでしょうか？　おそらく二つの理由が混じり合っているように思えます。

一つはもちろんごっこそのものの魔力でしょう。さっきの「がー」のような事例で愉快なのは、ふとのせられて「がー」と動き出してから、はっと気づいた子どもが泣き顔になって「やーだー」とやめてしまうことがあることです。ついごっこの魔力に引き寄せられてその気になって「シマッタ！」（やられた！）ということなのでしょうね。

「うんち」

京都には長らく小学校の特別支援学級で自閉症をはじめとした障害のある子どもたちの教育に携わってこられた村上公也さんという方がおられて、最近知り合ったのですが、この先生は授業でいろんな愉快なおもちゃを自作あるいはネット購入してきて、その驚くべき利用玩具の豊かさで子どもをその気にさせていく天才みたいな人ですが、ときには扮装も利用します。無数の実践例をお持ちですが代表例を紹介してみます。題して「うんち」（2014）。

（特別支援学級のある年度、自閉症の——著者注）子どもの心の内を、その子なりの言葉での表現を何とか引き出す方法はないだろうかと模索する中で次の方法を試みた。子どもに「何でもいいから思っていることを話してごらん」と言っても、子どもにしたら、何をどう言っていいのかわからなくなってしまう。

そこで、動物などのかぶりものをかぶって、その動物になったつもりで話すようにもちかけた。……（中略）ちょっとやってみたいというような『その気』を引き出すことを含む説得力を加味した方略を考える必要がある。（p.21）

こうして先生はたとえば子どもにパンダのかぶりものをかぶらせてしゃべらせたところ「友達と遊びたいな。笹はおいしい。木登りしたい」などと話しだし、ニワトリの場合は「コケコッコー、山に登って、空を飛んだら、気持ちいい。鳴いたらお腹がすいて、お弁当食べたい」などと話しだしたと言います。

ただ、気がかりなことは、かぶりもののキャラクターに、やはり引っ張られてしまうことである。パンダやニワトリになり代わって話すわけだから、自分のオリジナルの思いや想像を引き出すという点では、少しずれてしまったり、制約を課してしまうことになったりすると、子どもたちの言動から感じた。（p.22）

そこで先生が考案したのが「うんち」だったのです。（同時に考案された「うんち文字」などについては省かせていただきますが……）頭の上におおきなうんちのとぐろのかぶりもの、これをかぶってしゃべることにしたのです。子どもたちもうんちのかぶりものをかぶり、もちろん先生自身もうんちのかぶりものをかぶって授業開始です。パンダやニワトリなどとは違って「うんち」はおしゃべりのキャラクターではありませんし、なにより下ネタの愉快さも伴います。そこで子どもたちが話し出した内容とは……

「うんちが、甘い風を吹いて、地球の丸ごと、お菓子になっていました。甘い、美味しい匂いがしました。それで、地球丸ごとむしゃむしゃしながら、全部人間ごと食べてしまいました。生き物ごと。噛んで、地球ごと、木も、信号も、畑も、町も食べてしまいました。森もだよ。全部食べられて、それで、宇宙まで美味しそうです。それで、今、食べ中の巻きの巻。」

「うんちが時計に、チョコレートがあって、時計が砂糖とか、ドーナッツとか、飴ちゃんとか、融けちゃいます。アイスとか、アイスクリーム。よくパイン糖とか、ゼリーとか、ケーキとか、ケーキがありました。」（p.25）

おそるべきごっこの魔力と思います。先生はご自身も扮装をよく利用します。たとえば、ある日、教室に突然、着物着てチョンマゲ結った人になって現れます。そういう日は、まるでカトちゃんケンちゃんのケンちゃんが「殿様」の扮装で現れたかのようです。そうして教壇に立って目の前にいる自閉症の子どもたち数人に算数や国語の授業を展開するのです。

先生の扮装ネタは爆発的に多く、全身が「ザリガニ」であったり、あるときは「とび職人」、「神主」さんから「山伏」、「偽中国人」から、背中に大きな「ほ」の字を描いた「ほめ屋」などケンちゃんも顔負けです。

扮装についてこう記されています。

知的な内容を扱う授業をするときは、教師の権威などというものは必要ない。権威のシンボルが、スーツ&ネクタイだとすると、そんな姿で子どもたちを威圧しながら、授業をすれば、子どもたちは恐怖を感じるだろう。権威で威圧するのは、少しゆがんだ恐怖心をもたせてしまう可能性がある。怖がらせるなら、鬼の着ぐるみを着たほうが率直でよい。威圧しながらの授業では、主体的な知的好奇心を引き出すことは到底できない。(p.80 2011)。

教師としての願いを持ちながらいかにして子どもたちと対等に関わるか、これが「舞台装置利用」の第二の理由です。そして金剛力パワーの本質そのものでしょう。

最新3Dテレビ

ごっこの魔力利用という点では東京の男性保育者・高橋光幸さん(2011)考案による「最新型3

Dテレビ」（『クラスだより』で響き合う保育』より）も愉快です。四歳児が対象なのですが、ある日の保護者向けの「おたより」です。

◎大型テレビをつくろう！

電化製品の進歩はまさに〝日進月歩〟の速さで、次から次へと新しいものが出てくるので、まったくついていけませんが、中でもテレビはすさまじく、つい最近液晶テレビなるものが登場したと思ったら、今はLEDとか3Dとかの時代ですもんね。おそれいります。それで近ごろは、3Dの映画も流行していて、私も〝アバター〟をひとりで錦糸町で観ましたが、先日、メガネをつくってあそんだときに、「なんかこれ3Dメガネみたい…」と思ってたらひらめいて、「このメガネをかけて観たら3Dに見える大型のテレビをつくったらおもしろいに違いない!!」なんて考えて、今日の朝、製作に取りかかりましたが、なんともタイミングがいいことに、今、子どもたちの中で「紙芝居づくり」がブームのきざしをみせていて、さらに踊りながらうたい続けている子もいるので、そのような子たちをジャンジャン出演させてあげたらきっと、楽しいに違いなく、そんなことを思いつつ、ワクワクしながらつくっていると、おんちゃんが、「おんちゃん、おてんきのニュースのひとになりたぁい！」と言いにきて、ますます楽しくなりました。

◎「きょうのてんきはなつです」

大型積み木をつかって、そうだな、だいたい四〇インチくらいのテレビが完成したので、朝の会もテレビの画面からお送りすることにし、「キャスター、たかはしみつゆき」と書いた札を立て、テレビの裏側に座ると、ゆうみちゃんはさっそく3Dメガネをかけて席につきますが、他の子たちが同じようにできないのは、みーんなおうちに持ち帰っちゃったからで、なので現在2個目を製作中です。それで、せっかくメガネをかけてくれたので、ゆうみちゃんに「テレビのスイッチを入れて！」とお願いすると、ゆうみちゃんはリモコンを持つまねをしてカチッとスイッチを入れてくれます。そしたら、キャスターの私が「テレビの前のみなさん、おはようございます。朝のニュースの時間です」などとしゃべって、「では、お天気お姉さんに登場していただきましょう！」と言うと、おんちゃんが出てきて、画面ごしに、「今日のてんきはなつです！」とか言うので、「そうですねぇ〜、夏の天気が戻ってきましたねぇ！」と合いの手を入れて、天気予報は終わりです。朝食のメニュー報告もやっぱりテレビの中からで、今日はあやのちゃんに出てきてもらうと、「コーンフレークたべました！」と、ちょっと照れながらもしっかり話してくれます。

このテレビのすごいところは、3D映像に加えて双方向でやり取りができるところで、お茶の間から「コーンフレークの中には何が入っていましたか？」などの質問が出されると、「ぎゅうにゅうです！」などと答えることもでき、これぞ最新のテクノロジーです。（中略）

　こうなると、子どもたちはいろんな芸を披露したがるようになります。絵本や手作りの紙芝居などをみんなの前で読むのです。ところがなにせ四歳児ですから、読んでいるうちにわけが分からなくなり、視聴者の心が離れていってテレビの前に座ってくれているのはわずか三、四人という有様になったりもしますが……というときに、へんな匂いが……なんとそれはこうわ君のおならの匂いでした。匂いまで感知できるというすばらしい双方向性テレビなのでした（笑い）。けっさくな記録は次のように続きます。

◎**ワクワクする日は、まだまだ続く**

　このように放送を開始したばかりだというのに、観てくれる人は、ごくわずかなので、なにか視聴率アップの作戦を考えなければなりませんが、そうしたらやっぱり歌だなと思い、ちょうどゆうがくんとあきとくんが２人して「でたい、でたい！」とわめいていたので、「よし、いいぞ！」とＧＯサインを送ると、２人は振りつきで〝怪物くん〟のうたを楽しそうにうたい、これはかなりおもしろかったので、視聴率はグッと回復し、私もホッとしました。

　昼寝の前の絵本の時間も、今日はもちろん３Ｄテレビで放映します。せっかくの３Ｄテレビなので、飛び出す絵本をセレクトし、読んであげましたが、「みなさん、こんにちは。お昼の絵本の時間がやってまいりました」と言って読みはじめるといつも以上に集中してみてくれていたかというと、そうでもなく、いつもと一緒でしたが、この先、この最新型の３Ｄテレビで、どんな物語が生まれるのか、どんな番組が現れるのかそんな期待をふくらませつつ、ワクワクする日々は、この先、まだまだ続きます。みなさんもテレビに出たかったら、遠慮せずに言ってくださいね。朝と夕方の枠を使わせてあげますから…。ただし、芸を披露したり、おもしろい話や暴露話など、視聴率がとれる何かをしてもらわなければ、なりませんがね。ではまた明日、ごきげんよう!!

長い引用になって申し訳ありませんが、ごっこの舞台装置の強力さは年中さんにも（ひょっとしたら保護者にも）充分通じるという金剛力パワーの動かしがたい実例です。ただし視聴率のあがりさがりだけは金剛力パワーをもってしてもどうにもならない？　のかもしれません（笑い）。

カイコのお母さん

『エルマーになった子どもたち』でも知られる岩附啓子さん（2004）の名著『シナリオのない保育』にはスイカやヒヤシンスそしてカイコといった植物や小動物の栽培・飼育の実践にごっこ性を持ち込んだらどうなるかという愉快な実践例がわんさと紹介されています。その中の一つ「九匹のかいこと子どもたち」の一部を概略的にですが取り上げたいと思います。

年長児のカイコの飼育は二年目だったそうですが、初年度は「どちらかというと保育者が主で子どもは時々桑の葉をやる程度」だったので、今年は一人ひとりが一匹ずつ飼育するというやり方はどうだろう？　と計画し、子どもたちに卵を見せて「つるつるしとる」「さわってみるとかたいなあ」などの感想がでたところで「かいこのお父さん、お母さんになって、みんなが一匹ずつ育ててみやへん？」と投げかけたのです。当然、子どもたちは大喜びでこの提案に飛びついてきたのですが、それだけではまだまだイメージ不足だったとき、子どもたちとの会話の中でひらめいた保育者が「なあなあ、カモの赤ちゃんって卵からかえって初めて見たものをお母さんって思うんやて、だからかいこの赤ちゃんも生まれてパッと顔を見た人をお父ちゃ〜ん、お母ちゃ〜んって思うんとちがうかなあ」。

「エエッ〜、ほんと？」「ウフフ……」などというやりとり。続いて子どもたちに向かって男の子には「お父ちゃ〜ん」、女の子には「お母ちゃ〜ん」などと呼びかけてやると、さすが五歳児ですから、照れくさそうな表情でニンマリする子どもたち。

「そんな、ぼくら人間やで」となかばあきれ顔のT君。

それでも、ふだん自分のことを第一に思ってくれているお父さん、お母さんに自分がなるという提案に、子どもたちは俄然張り切りだしたそうです。記録にはこう記されています。

おもしろいことに、今までのようにみんなで世話をしている時には、かいこと子どもとの間に距離を感じたのですが、一人一匹ずつ飼おうといったとたん、態度が一変したように思います。そして心配しだしました。

「どうしよう、どうしよう、桑の葉があらへん」「夜、卵から生まれたらどうしよう」「おうち、もってかえりたぁ～い」

子どもたちは、生まれてきたときにそこに自分の顔がなかったら大変だと思い出したようです。こうして実践では、まずは桑の葉探しに山に出かけます。みんなで地図を手に、恐い「やまんば山」に向けて、通ってはいけないことになっている小学校の中の道も「忍者になって抜き足さし足」で通り抜け、「わ～きゃ～」のスリル満点の珍道中をへて、桑の葉を獲得。

準備万端整ったところで、かいこが誕生。保育者「さあ、今からお子様と対面で～す」と緊張の一瞬の中、かいこをそっと一匹ずつ子どもたちの掌に乗せました。ちょこんと乗っかったかいこを、子どもたちはまるで腫れ物を扱うように両手でそっと包み込んで眺めています。

「ウワァ、大きいかいこちゃんやなあ」「かぁーわいい！」「くすぐったい」。

保育者「かいこのお父さん、お母さん、お子様に名前をつけてあげてくださいな」に、「わたし、かりんちゃんにする」「わたし、みよちゃんにきめた」、こうして、ぽよん、しろ、りゅう、などなど命名がされましたが、物事をじっくり考えるH君などは三日もかけて「じろう」に。

こうして子どもたちの「子育て奮戦記」が始まります。育児書ならぬかいこの図鑑と首っ引き。動かなくなった、どうしたんだろう。葉っぱを食べなくなった、病気かなと心配したり、でっかいウンチに目を丸くしたり……あれこれの失敗（桑の葉の置き方など）を繰り返しながらも、「お子様」たちは脱皮に進み、まゆとなり、成虫となっていきます。

ここで愉快な事件も起きます。成虫となったとき、雄と雌が見分けられるようになったのですが、女の子だと思って女の子の名前をつけていたら雄だったり、逆だったりしたのです。お笑いです。でも、子どもたちは「男の子の名前をまた考えたるわ」などなど。

続いて起きたのは結婚騒動です。子どもたちの「お子様」たちが、相手を探しもとめ、そして交尾し始めるのです。

「ぼくのかいこはH君のが好きやったんやなあ、

なかなか結婚せえへんでぼくのことだけ好きやと思っとったのに……」とちょっと寂しげにつぶやく子もでてきますが、なかなか変化がなかった「ぽよんちゃん」が出てきてみたら本当に美しいお姫様みたいで、このぽよんが雄を誘い出し、それに引き寄せられるようにMちゃんのしろは、結ばれていたかりんを置き去りにしてぽよんを選んだという。子ども「かりんはどうなるのかなあ。離婚するのかなあ」、保育者「ええ？　離婚？」とたじたじとなる、というような事件も起きながら、やがてかいこたちは命を終えていくのです。

一匹一匹と産卵後の死を迎えていく中で、お墓を作り、みんなで「かいこちゃんたちが天国に行けますように」と手を合わしている。一方同じ箱の中でまだ交尾している蛾をみてH君いわく「おまえたち、こんなときによう結婚なんかしとるなあ」。

というような諸事件を経て、まゆのコサージュ作りまで進んだという実践でした。

岩附さんは記録の最後を次のように結んでいます。

今回のかいこの飼育では、「世話をきちんとしなければダメでしょ」と一言も言わずにすみました。まるで自分が母親からいつも言われているのと同じ仕草、口調でかいこに接しているのです。どんなちっぽけな虫や草花でも取り組み方法によっては、子どもの心を揺り動かし、集団を高めることができるのだということを教えられました。

記録の冒頭あたりで岩附さんが、子どもたちにお父さんお母さんの役を与えたといっても「ままごとのお父さん、お母さんになるという意味合いとまったく違うのです。愛情と責任が常に伴ってくるからです」と指摘されているように、いわゆるままごと的なごっこと同じではありません。しかし、ごっこの魔力を充分に生かした取り組みではあったでしょう。

＊対等性に満ちた関わり

筆者にはかいこの飼育実践かくあるべしという論を展開する力はありませんので、その点は避けますが、この実践はごっこという遊びの持っているある特性を分かりやすい形で示しているように思えるのです。

それは……今までのようにみんなで世話をしていたときは、かいこと子どもとの間に距離を感じたのですが、（子どもたちに向かって「お父さ～ん」「お母さ～ん」と呼びかけながら）一人一匹ずつ飼おうといったとたん、態度が一変したように思います……という一文に現れています。もぞもぞ動くだけの物に自分たち人間と同じ人格性を付与することで生き物としての対等性を付与したことになったのです。大げさな言い方をすれば、いわゆるアニミズム性を越えて類性を与えたといいますか。

ごっこは、ごっこという被りものをかぶせることで、そういう舞台装置の中に位置づけることで、現実の差異や上下関係・距離関係を脱しさせて、対等に関われる関係性へといたらせる面を持っているのではないでしょうか。先ほどの「最新３Ｄテレビ」でも保育者と子どもたちの間での対等性に満ちた関わりが基調として漂っているように思えます。そう考えて引用させていただいたのです。

前に、私の息子の話として、寒い日に窓を閉めてもらおうとして「たっくん、窓閉めて」と頼んでも聞いてくれなかったのに「ジーコジーコ」と電話をかけるふりをして「あのう……」と頼んだら聞いてくれたという例を紹介しましたが（五七頁）、たんなる指示は上下関係のある命令に近いものですが、ごっこ風になると対等な関係の中でのお願いに近づくのです。「なら、聞いてやろうか」という気にもなろうかというものです。四つ足で犬になった子の首にひもをかけて別の子が引っ張って歩いていたというような場面が誤解を招いてしまうことがありますが、本人たちにしてみれば、それはちょっと違うというようなことがあるのもこのことに関係しているかもしれません。

保育の記録の中でこういう点がくっきりと出てくるのは『どろぼうがっこう』（かこさとし作、偕成社）を使った実践です。たいていの実践によく似た例が出てきますが、先ほどの岩附さんの著書の中にも好例が紹介されています（pp.82-83）。

三歳児の担任N先生、忙しいときに主任の岩附さんに子どもを託そうと「ほれ、校長先生にあそんでもらいな」。こうしてかわいい生徒たちに「どろぼうがっこうしようよ～」と駆け寄られて、岩附校長「そうかよしよし、わしのかわいい生徒たち、どろぼうがっこうのおうちをつくろう。ついてこい」に、子どもたち「へーい」。ホールに大型積み木やダンボールを並べて学校にします。

校長「それではいまからりっぱなどろぼうになるために修行する、いいか？」
子分「へーい」
校長「そうだなあ、まず赤ちゃん組のO先生の歳を聞いてこい」（こんな遊びが大好きそうな四十半ばのふとっちょ先生を指名）
子分「トシってなあに？」
校長「いくつになったか聞いてくるんだ。大丈夫か？　おまえたち」
　五人のかわいい子分たちはドドド……テラスを走り、
子分「Oせんせーい、いくつ？」
　窓からヒョイと顔を出したO先生、すました顔で答えます。
O先生「五つ」
子分「そうか、五つか」（得意げにかけもどりつつ叫びます）
子分「校長せんせーい、O先生の歳は五つやて」
校長「バッカだなあ、おまえたち。五つといったらひまわり組の子どもとおんなじだぞ。O先生はひまわり組の子といっしょかあ？　おまえたちだまされたな」
子分「そっかあ、だまされた」

などというやりとりのオンパレードになります。校長たる保育者は子どもたちに大声で「○○してこーい」と命令したり、「バッカだなあ」を連発するのです。それでも、子どもたちはニコニコ顔で「へーい」と何でも言うことを聞くのです。

ごっこは、ときにゆがんだりねじれたりすることもありますが、本来的には、対等性を内包する遊びなのでしょう。

二歳児くらいですと、対等性の発揮という点では、複数担任であることを生かして両方のグループにそれぞれ保育者がいてやりとりを盛り上げるのも素朴なやり方のようです。

境内に散歩に行き、先を行く担任と子どもたち。もう一人の担任は歩くのが遅い子どもたちを連れてやっとたどり着く……

「あれー、くま組の子どもたちー、どこいるの？」

「いないねえ。どこにもいない」とあちこち見回すふり。

あ、お地蔵さんがいた！（子どもたちが、担任と一緒に壁際に張り付いて目を閉じている）「お地蔵さん、お地蔵さん、くま組の子どもたち知りませんか？」

それを見て、後から来た子たちも壁に張り付きはじめます。気にせず、もう一回「お地蔵さん、お地蔵さん、くま組の子どもたち知りませんか？」

子どもたちがみんな目閉じたまま、指さしつつ「あっち、あっち」（当初はこの指さしをやってみせたのは担任でしょうが、繰り返すうちに子どもたちがやるようになってきています）。

「そうかあ、あっちかあ？……」

「あれ？　このお地蔵さん、ちょっとへんやなあ？　くすぐったろ！」

くすぐりに、異常なくらいの忍耐力で耐えている。が、ついに耐えられなくなると走って逃げ出して……この合間に担任同士の「わーきゃー」のくすぐり合いも入れます。耐えられなくなって子どもたちと一緒に逃げて行く。

もう一人は、「ああ、こらー」と追いかけて……また「お地蔵さん」「あっち、あっち」と果てしなく続くのです。

「あっちあっち」でした。ごっこでの対等な関わりの愉快さを示す一つの典型でしょう。

大阪の地下鉄

現在の私は禁煙していますが二〇数年前は吸っていました。そういうある日の大阪の地下鉄ホームで電車待ちしていたときのことです。その場は当然禁煙でしたが、喫煙者の常で、どこか吸える場所はと探しましたが見つかりません。しかたなくあきらめていたところ、ちょっと離れたところにあるベンチの上で堂々と喫煙している中年の男がいました。足をどーんと伸ばして角刈り風。一見してどういう人か分かります。「ええなあ、あの人は堂々と吸えて」という思いと「あかんやろ、それは！」という気持ちが交差しつつ……

ここで私が一大決心をして、つかつかと歩み寄り「おっさん、ここ禁煙やで、あかんのやで！」と注意した。

そんなことあるわけありません。そんなことしたら今頃どうなっていたか（悲）。で、私としては、逡巡のしゅんじゅん、ああでもない、こうでもないと思案のあげく「いっちょうやったるか」と人生で二度はないという決断をしました。

そろそろっと歩み寄ってその「おっさん」の横に少し間をおいて座りました。そして一呼吸、ポケットからマイルドセブンの箱をとりだし、一本を口にくわえ、ライターで火を「あれ？　ここ、禁煙か?」とぽつり独り言。誰にも目を合わさずに前を向いたままタバコをしまいました。左の心臓が右に移って鼓動しているような恐ろしい時間（ほんの二、三秒でしょう）が過ぎました。「おっさん」がどこをどう見ていたかは分かりませんがくわえていたタバコをもみ消したらしいことは分かりました。そのまま二人でじいっと電車が来るのを待ちました。後のことはよく覚えていません。

この話（二〇数年前のことなので）、学童の保護者仲間での酒飲み会の場では「ほんまの話か?」（あんたにそんなことができるんか?）「そのおっさん、ほんまはヤクザじゃなかったんだろう」とかと疑いの目で見られて、笑われ、家族の間でも微妙に不人気でしたし、二度と同じ経験はしていません。それでも私が「金剛力」という言葉を使うようになったきっかけではありました。そして長い間「金剛力」は「強力（ごうりき）」に対する言葉と思い込み、直球に対する変化球のような意味と理解してきました。しかしこれを保育の営みと結びつけて考え始めて二〇数年、そして最近になって「ちがう！」と思い出したのです。

これは関係の対等性の問題です。人に対して倫理や教訓を説く〈上から目線〉と地のままで同じ平地に立って関わろうとする〈対等目線〉の違いなのです。あの瞬間、私は立派でした。確かに勇気があったとも言えます（だからこそ二度とできないことですが）。しかし、勇気を出して変化球を投げたのではなく、自分の気持ちを素朴に表現するというやり方であのおじさんに普通に対する度胸が一瞬芽生えたということです。その人に普通に関わる、そういう度胸だったのです。

金剛力の本質は人と対等に関わるパワーのことなのです。これを日常生活で常に貫くのは実際にはかなり難しいことのように思えます。相手が大人でももちろん難しかったりしますし、特に相手が幼い子どもであったり、子ども同士の間でも彼らの間に優劣や大小や強弱などの上下関係があればなかなか経験しにくいことです。しかしたとえ一瞬でもおとずれることがあれば金剛力経験の快感は独特のもので、何度も繰り返されるとやみつきになっていくのかもしれません。ちなみに相手が赤ん坊でも対等に関わる瞬間を持つことはできると私は思っています。

この経験をメールで前述「最新3Dテレビ」の高橋光幸さんに伝えたら、彼「金剛力の本質は対等性という話、なるほどです。私は、子どもたちにひっぱたかれたり、呆れられたり、しょうがないから付き合ってやるか、みたいに思ってもらえることがたまらなくうれしいのですが、その理由が分かったような気がします。私はきっと、そういうときに子どもたちとの『対等性』を感じるからなのでしょう。そして、この対等性が私と子どもたちとの関係だけでなく、子どもたちの関係の中にも広がっていく、これがまた、たまらなくうれしいのです」と返してもらえました。

ルール遊びの中で……

「あんたのせいやで！」

ある保育園の子どもたちが公園に出かけての「王さんとり」遊びの最中でした。あるとき、一方のチームが劣勢に陥り、あっちでもこっちでも、ドンされてジャンケンに負けてやむなく座らされている味方チームの子たちがいます。中には遠くのほうで捕まって座らされて「王さん、助けにきてー」と叫んでいる子もいます。でも、王さんもそうかんたんに出かけては行けません。そんなところまで行って、もしも捕まったりしたら大変だからです。捕まってジャンケンになってもしも負けたら、チーム全体の負け、ということになります。

そこで味方チームには、しっかりと王さんをガードして、王さんにつきっきりで、王さんを守ることを専門にしているやり手の女の子がいます。その子が「あかん、あんなとこ行ったらあかん、捕まる」と王さんを制止しているのです。でも、味方の子たちは人数が少なくなっていってどんどん捕まっていくばかり。はっきりと劣勢です。あっちからもこっちからも「助けてー」の声。ついに、あるとき、王さんになっていた男の子が隙をついて走り出しました。遠くで捕まっている子を助けに出たのです。今だとばかりに殺到してくる敵方の子どもたち。頑張って走ったのですが、途中でやっぱり捕まってしまいました。ジャンケンです。ジャンケン、ホイ。息詰まる瞬間です。王さん役の子の負け。敵方の子たち「やったー、勝ちゃー、（相手の）王さんに勝ったー」と歓声が上がります。

向こうのほうで「わーわーわー」敵方は盛り上がっています。味方の子どもたちが、二人、四人、五人と集まってきて、シュンとなって、泣きそうになっている王さん役の男の子を取り囲みます。ガード役をしていた女の子はエライ剣幕で怒っています。「だから、言うたやろ、私が行ったらアカンて言うたのに行ったからやで！　あんたのせいやで！」と責めたてます。王さん役の男の子、わーん、と泣く。「仕方ないやろ、○○は、僕らを助けよう思て、出たんやから、仕方ないやんかあ」と弁護してくれたのは、遠くのほうで「助けてー」と叫んでいた男の子です。「そんなこと言うたって、負けたやんかあー」とガード役の子は怒り、「そんなに言わんでもいいやんかあー」と男の子が言い返し、今度は二人のけんかになりそうなところで、泣いている王さん役の子に「今度からな、今度からはな、近くで捕まってる人から助けに行こうな、な、な、そうしよな」と言ってくれているのは、比較的陣地の近くで捕まっていた男の子でした（記録者：加用美代子さん）。

四者四様の関わり、いかがでしょう。こういうとき、たいていは、言い合いのそばに座って口を出さずに地面に絵を描き始める子がでてきます。……こういう子（たち）は、争いのさ中に割り込んで口を出すパワーはいまいちなのですが、だからといって「関係ねーもん」と立ち去るほどの根性無しでもないのです。だから地面に絵を描くのです。こうして五者五様となり、さらにと見回していくと六者、七者……その場その場での子どもたちの関わり合いは実に多種多様です。そうではあっても、基本のところで子どもたちの取り結ぶ人間関係に対等性の原理を確立したい。というより、対等に関われたときにこそ味わえる独特の快感、これがやみつきになっていくような子ども（人間）になっていってほしい、これが金剛力パワー保育がめざすところです。

人間ラグビー

先ほど「ひろくん、ゆるさん事件」で紹介した（五二頁）保育者・見神さんは現在は定年で退職されていますが、先日彼から「面白いことがあるから見に来ない？」と誘いがありました。彼が現役のときに年長を担任した子たちと埋めたタイムカプセル、それを一〇年後（もうすぐ高校生になる歳）に掘り出すというのです。

決定的瞬間を撮影しようとビデオカメラもって出かけました。祝日でしたが園庭には園長をはじめ現役の保育士二、三人と見神さん、そして身体はもうすっかり大人になっている子どもたち（男女含めてほぼ全員に近い総勢一七人）がお母さんたち数人と一緒に勢揃いしていました。一〇年後に、しかも思春期の難しい時期と言われている子たちがこれだけの人数集まるとはまったくの驚きでした。

そこで掘り出し開始。ここのはずという場所をスコップ、ツルハシでガシガシと掘っていきます。すっかり大人の体つきの彼（彼女）らですから穴はどんどん掘れるのですが、なかなか出てこない。「ほんまにここか？」と疑い（笑い）も芽生え、場所を変えて掘って、「ないぞー」と騒いでいましたが、ついに土中から青い箱がでてきました。見神先生は黒い箱だったと言っていたのに、実は青かった、ということで子どもたちから「どう見ても黒くない」と笑い責めされて、頭かく見神先生。さて、中から何が出てきたか？　それをめぐっての大騒ぎ、大笑い、昔撮影されたビデオの上映、その後の楽しい食事などなど……

＊記憶に残るもの残らないもの

これについてはここでは省きますが、食事のあと昔の思い出話に花が咲き、最後はみんなでホールにずらりと並んでどーんと雑巾がけ競争をしてお別れになったのですが、昔の思い出話のところでショッキングな事実が明らかになりました。

「昔、どんな遊びしたか覚えてる？」と見神さんが子どもたちに尋ね、続いて「人間ラグビーしたの覚えてる？」にシーンとなったのです。誰もが何のこと？　という顔。見神「ええ？？　あんなにやったのに覚えてないのか?」。みんなきょとんとしている。見神「ひっかいたり、なぐったりすること(暴力)以外は何してもいいから相手を押し倒す遊び、覚えてないの? 一二月頃から始めて毎週のようにやって、その都度五、六回はやったから(総計で)何十回もやったはず。覚えてないの?」。子どもたち、思い出そうとしているがどうも思い当たらないらしい。

思いあまって私が口を出して「生活発表会のことは?」には、どやどやと意見が出てきて「誰それが何をした」とか、「自分がやったのは……」とわいわいがやがや。そしてある女の子が「鬼のこと覚えてる」と節分の日のことを話しだしました。みんなが笑いながらそれに応えていました。

なのに、あんなにたくさん経験したはずの人間ラグビーの記憶がないという。年長の保育の総決算の一つとして一二月くらいから取り組みを始めて回数を重ねて二月、三月、これを充分に楽しめるようになって卒園する、これが見神守さんの代表的な保育目標だったのです。

あまりにも日常的だったものについての記憶は残りにくい。ハレの日の記憶は別格の日としてエピソードが記憶になりやすいけれど、お昼寝や食事が具体的な形では記憶に残りにくい(特別にイヤな思い出があれば別でしょうが)みたいに、毎週のようにやっていたような遊びは記憶の彼方にしまい込まれて、水が土にしみ込むみたいに、身体の芯の中にしみ込んでいってしまうのか……

それでも当日の子どもたちの様子(久しぶりにあったはずなのに、お互い遠慮無く身体にも触れあいながら関わり合い、冗談も言い合いつつ、誰もが誰に対してもえらそうに振る舞わない、みんなの中に対等性がしみ込んでいるような関係性。だからこそ一〇年後に保育園に一七人も集まったのだろう）から、かの人間ラグビーの幾多の経験が無駄どころか血肉になって残り続けていることをうかがえたのでした。

＊身体で感じる対等性

さて、人間ラグビーとはなんでしょうか？

先に紹介した「王さんとり」という遊びは両軍に「王様」がいて、つかまってジャンケンに負けて座らされた味方の子を助けることができる唯一の役です。そういう意味で主役なのですが、両軍に一人ずついます。そしてどの場面でも対決はジャンケンです。

他方、相撲のような遊びは肉弾戦になりますがあくまでも個人対個人の対決です。その結果はほとんどが腕力の強弱で決まります。

人間ラグビーはこのどちらとも違っています。

二軍に別れて先攻・後攻を決めます。守る側は地面に半径二メートル程度の円を描いてここを守ります。攻撃側は誰かがボール役になって、この子が敵陣の円の中に足を踏み入れたら点が入るというルールです。単純なので理解は難しくないですが、ルールが単純になればなるほど遊びが過激になるのは理の必然です。

クラスの中には体格がよくて腕力に優れ知力もある子たちがいます。こういう子がボール役になればどどどーんと走って行って、行く手を遮る敵陣の子たちを押し倒す、あるいは巧みに迂回したり、フェイントかけたりもして、かんたんに「やったー、一点はいったぞー」となりやすい。大人側からすると納得の一言。さほどに面白い事件になりませんが、順番なのでいずれみんなにボール役が回ってきます。気の弱い子やふだんはあまり目だたないような子でもボール役になれば、その子をめぐって相手陣の子どもたちが殺到し、押さえつけ押し倒そうとします。そうはさせじと、味方の子たちはその子を必死で守り後ろからあるいは横から支えたり、その子を守るために敵方の特に強そうな子の走路を邪魔することを専門にする子もでてきます。

否応なくボール役の子はゲーム中で主役そのものとなるのです。こういう遊びは他に類を見ないように思えます。肉弾戦で遠慮無く相手の身体に触れて押し倒そうとするのを必死でこらえるところを味方の集団が全力で支えていく。立ち向かうパワーはもちろんですが、粗暴な行動やキレた振る舞いは克服されていかなければなりませんし、誰であろうとボール役になれば攻撃されるし強力な味方陣に助けてもらえる、そういう中でどうやってボール役の子を守る（あるいは倒す）か作戦も練って知恵を絞り合うのです。

半年、一年かけて、いろんな種類のルール遊びの経験を積み上げていって、年長の後期にこの遊びが楽しめるようにという、子ども間に対等性の原理そのものが確立されることをめざした保育目標が……一〇年後の子どもたちの記憶に残っていない。

がーん、そして納得の笑いの一日でした。現在（二〇一五年三月）その映像を編集中です。

しかし、子どもたちの間に対等性の原理を確立するうえで必須となるのは、やはり大人たる保育者が子どもたちに対して金剛力パワーを発揮して対等な関わりのなんたるかを体感させていくことではないでしょうか。その発揮の仕方はもちろん多様です。意外なものも含めて実例の紹介を続けます。

「最新3Dテレビ」の高橋光幸さんからある日届いたメールです。

何日か前、るいくんとゆうとくんという二人の男の子が先に部屋に戻るのを争い合って、先頭を歩く私を追い越して、廊下を全力でダッシュしたので、「こらあ〜、一番に部屋に戻ることの何がえらいんじゃあ〜」と軽く叱ったうえで、ちょっと気まずそうにしている二人に向かって、「ゆうと、るいに愛してるって言え！」「るいも、ゆうとに愛してるって言え！」と、それぞれに言い、二人が言われたとおりに言い、それをむふっと笑ったら、「じゃ、次は二人で抱き合え！」と言うとこちらも言われたとおりにして、互いの顔を見てヘラヘラと笑い出しました。これで一件落着。

この二人、その後は並んで座って、互いの絵を見ながら同じように描き、先に母親が迎えに来たゆうとくんが、「るいくん、また明日あそぼうね！」と声をかけ、るいくんも「うん、あそぼうね！」と返しました。この二人、三歳児期から犬猿の仲で、寄ると触るともめていたのですが、それを機に急接近し、ここ数日はずっと前から親友だったように仲良くしています。

とありました。金剛力パワー、ここに極まれり！　って感じですね。「愛してるって言え！」「抱き合え！」、言葉だけ聞いたら命令そのものですが、「バカもん、○○してこーい」の『どろぼうがっこう』のくまさか先生そのものではないでしょうか。呼応するように二人はヘラヘラ笑っています。金剛力の奥義の中にはこういう対等性感覚の発揮も含められていると理解したいところです。

対等性は魔法の力

弱み見せ

困っている人（落とした物を拾えないでいる人など）を見ると助けたくなるという傾向は一歳二ヵ月児でも見られるという欧米での研究報告（Warneken & Tomasello 2007）がありますが、私の経験ではこの年齢では過ぎたるは何とか……という事態に進むことも多いようです。誰かがおもちゃを欲しがっていると知るや手近なところにあるおもちゃを持ってきて手渡そうとするので「はい、ありがとう」と受け取ると、またどこかから別のおもちゃを持ってきて手渡してくれます。「はい、ありがとう」。するとまた別のところから（他の子が持っているのを無理矢理もぎ取って、その子をなぎ倒してまでして）持ってきて差し出してくれます。「……ありがとう」。そうしてまた……こうして目の前に「おもちゃ」が山のように積まれていって……なんてことにもなりかねません（笑い）。

一歳児のケンカです。トキオ君がたまたま手にした人形を持ってどこかに行こうとしています。それをみたモックンが欲しくなって手を出しますが、トキオ君はイヤイヤして逃げていきます。それをモックンが追いかけます。必死で逃げるトキオ君。事態がややこしくなったと見た保育者（福本護さん：四〇代後半頃）がモックンを引き留め「モックン、あれ欲しいんか？」と尋ねますが、黙ったままです。様子の変化を感じてトキオ君が立ち止まりました。それを見て、モックン、ずーいと手を伸ばし、トキオ君あわてて逃げます。保育者がまたモックンを引き留めて、「モックン、あのな、もうちょっと待っててみいや、トキちゃんな、そのうち貸してくれるで。な、もうちょっとやで、ほら見てみ、トキちゃん、こっち見てるで、な、もうちょっとやで……」とかと話しかけています。トキオ君、いったんは立ち止まりますが、立ち去ろうとします。よくあることですが、困ったなと思っていると、そこに、はなみちゃんがとことこと歩いて寄ってきて、すーいと手を出してきて、見ると、同じ人形を持っていて、それをモックンに差し出しているのです。ちょっと戸惑ったモックンでしたが、ありがたく頂戴しました。保育者が代わりに「ありがとう」と言います。するとさっき逃げていたトキオ君がトコトコやってきて、彼も「はーい」と差し出しています。呆然と立つモックンの手には二つの人形が……すると、彼は何を思ったかその二つともを何と！　はなみちゃんに差し出しました。はなみちゃんは当然のように受け取ります。結果的に人形を二つとも手に入れたのは、はなみちゃんでした。ラリラーン。

最後に一番得をしたのはお助けマンたるはなみちゃんでした。ラリラリー♪♪

＊子どもは時々覚醒する

これが四歳児くらいになりますと、保育中に担任が忙しさで手が足りなくなったとき、真摯にお願いすると別人のようになって奮闘してくれることがあるようです。

ある園での初夏の日、プール開きにはまだ日があります。それでも暑いので中庭で三、四歳児たちにホースで水かけをしてあげています。大喜びです。だんだんお昼が近づいてきました。そろそろおしまいということで、子どもたちの濡れた身体を一人ひとり拭いてあげているのは四歳担任の射場博巳さん（男性）。そのときの保育体制のたまたまの事情でしょうか、三歳も四歳もまとめて射場さんが拭いてあげています。四歳児を拭き終わり、三歳児を拭いてあげながら、射場さん「給食の用意もせんならんなあ……」とぶつぶつ独り言。そこでたまたま目の前でぶらぶらしていたのがタイチ君。四歳児です。

「タイチ君、あのな、先生な、ゾウ組さんも拭いてあげんならんしな、トラ組のご飯、用意してくれるか？　お当番さんに言うてな、テーブルやら用意できるか？」

このときのタイチ君の表情は独特なものでした。いつもぶらぶら、決して「シャキッとした子」というわけではないタイチ君。それが、眉間にちょっとしわ寄せた真剣な表情で聞きつけ声も出さずうんうんとうなずくや、どどーとクラスの部屋に走って行き……

その後どうなったでしょう。彼はお当番の子に給食室に行くように言い、続いてみんなにあれこれと大声で指図し、さっさとテーブルの用意……準備万端とと
のうまで、実に完璧な「先生の助手」に変身していたのでありました。

この経験がきっかけになって彼はすばらしい四歳児へと成長……なんてことはありませんでした。そんなあまいものではありません。数分後には、いつもの、だらだらタイチ君に戻っていて、安心させられたわけですが、あの数分間の彼はちょっとした別人でした。

大人が真心込めて弱みを見せると子どものほうが応えてくれることがあるようです。そういうときの頼み方のコツは？　それはよく分かりませんが、四、五歳くらいになるとウソではだましにくいと思います。ほんとに困ったときこそ狙い目なのかもしれません。去年の夏頃のことですが……

理事をしている保育園の年長児の夏合宿（昼間は京都の北部の川に行って遊んで、バスで戻ってきて、園でみんなでご飯つくって園内で宿泊）に要員兼ビデオ撮影係として参加しました。

その中の一人Yくんは休みが多く時々しか来ない子です。そのせいもあって、いまいちクラスにとけ込んでいなくて、川遊びのときも他の子たちと一緒に川に入ろうとはしません。みんながつけているライフジャケットもがんとして着けようとしませんでした。それでも最後のほうでは自ら川

に入っていましたが、他の子たちと一緒に楽しんでいる、というところまではいけませんでした。

園に帰ってきてからも、夕ご飯のクッキング（かまど係の子たち四人は私と一緒に火おこしして飯ごう炊飯、他の子たちはカレーの具の用意です）にも参加せず、それでも夜の公園への散歩には参加。朝になって、みんながTシャツの絞り染めとかしてるときも、これにもまったく参加せずです。

というときに、園庭では、お昼のために「そうめん流し」の用意。私と男性保育者のSさんで長い竹をつないで斜めになるように設置とかしているとき、それをじいっと見つめていたY君。我々大人は竹をうまい角度で設置するのに、台座がいまひとつだったので、二人で竹を担ぎつつ、台座の間に何か挟む必要があると思うのですが、竹を担いでいるので動きがとれず、どうしようか？と困っていた瞬間、思いついて「Yくん、あのな、こっちきて手伝ってくれない？」と言うと、さっとうなずいて、さっそうとやってきて、その後、がんがんと手伝いに奮闘し始めたのです。そうして、やっと竹が見事に設置されて……と、Y「みんなを呼んでくる？」と聞く、Sさん、驚きつつも（Yくんが他の子に積極的に関わる場面を見たことなかったらしく）「みんな、どうしてるか、見てきてや」と言うやYくん、クラスの部屋に走って、大声でみんなに「そうめんできたー」と叫んでいる。

その後、また、すぐ、こっちにきて、今度は、みんなのためにテーブルを設置し、お皿を並べ……がんがん働きだして……

その後の、そうめん流しを楽しむ場面では、まったく他の子たちと遜色ない関わり方で、椅子に座って手羽先をほおばるときなど、近くの子たちと和やかにしゃべり合っているのです。驚きました。

といってその後に彼が激変したかというと、そういうわけでもなかったのですが、大人が弱みを見せたら四歳や五歳の子たちならびっくりするような働き方をすることがある、これを痛感しました。前述の高橋光幸さんはこういう瞬間をさして「子どもはときどき覚醒する」と指摘（私信）していますが、納得です。

実は、かまどつくって、飯ごう炊さんの場面でも、係になった四人の子たちは、本当に良く働きました。コツは「困ったなあ」という顔をして、「木が足りないなあ」とか、「新聞紙がもう少しいるなあ」とか、「団扇がないなあ」……みたいな〈大人の弱み見せ〉でした。そのとたんに子どもたちが動き出すのです。子どもたちは大人と対等に関わりたがっている、これが実感として感じられた瞬間でした。**対等性は人の積極性を引き出す魔法の力ではないでしょうか。**

私の心の友の一人である京都の朱い実保育園の山本直美さんが現役だった頃、年長児を担任して困ってしまったのは運動会のときでした。例年のことですので年長の子どもたちは竹馬をやる気になっていて、毎日がんがん練習していきます。どの子もどんどん上手になっていきました。ところが担任の山本さんはかなりの運動オンチ。乗れません。でも当日は先生も一緒にと言われて「ええ？？」と困り果てたあげく、いたしかたなく子どもたちの前で白状したそうです。「先生は乗れへんねん」。

そしたら、俄然子どもたちの目が輝きだして、「ぼくら（わたしら）が教えたる！」と言う。いつもは静かに目だたない子から、どうみても上手とは言えない子までがあれこれと手取り足取り毎日のように教えようとしてくれたそうです。こうして、当日、ついに担任の先生も含めた涙の発表会になったという。拍手。

先生たるもの、エラそうにするだけが能じゃない、らしいです。

任せる

対等性ときたら次は当然「任せる」です。その前に京都・たかせ保育園の谷口敦子さん（2015）のおもしろ記録。

五月のリズムの後、廊下を走って部屋に戻ろうとしたさきちゃん（三歳）。こけてしまい、うずくまるようにして「ううっ」と言い、立ち上がらない。足を押さえて痛そうである。「起こしてあげようか」と、すぐに起こさず、意思を確かめるために声かけだけにした。一瞬、さきちゃんの「ううっ」といううめき声が止まった、と思うとさきちゃんは「……じぶんで！

きめる！……」。そのままうめき声を出して起こして欲しいという事になるのではと予測していたが、意外な言葉にちょっとびっくり……。すごい！　と思った。「そうか、じゃあ、先生は先に行くね」と言って離れた。立ち上がって歩いていくさきちゃんの姿がホールから見えた。

自分で決める、という事と「じぶんで起きる」という事とは大きな違いがある、と思った。たとえ常々、担任から「自分で決めようか、決められるか？」という声かけがされていて、その模倣が入っているとしてもいい言葉だった。ちょっと　ツッパリ気味のさきちゃんではあるが、心地よい場面であった。

とあります。

さて、いよいよ「任せる」です。昔書いた文章ですが、とっかかりとして紹介します。

……私の知り合いの保育者は、ときどきですが、たとえば昼食のときなど「あっ、たいへん！　ごめんね、みんな。先生用事ができちゃった。ちょっと行ってくるから、今日は子どもだけでお昼ご飯食べてね。お当番さんよろしくね」なんて言って勝手に居なくなる、というのをやるそうです。やってみますと、意外なことに、四歳児でも、いつになくしっかりと、まるで別人のようになって、あれこれ指図し合いながら食べるそうです。「私、こっそり見てたら、もうびっくりしちゃって。○○なんか、いつもはだらだらしているのに、もう別人みたいになっちゃって……」

こんなことをいつもやるわけにはいきませんが、指導の高等テクニックではあるでしょう……

これは保育者のいたずらの話として紹介したものですが、意識的な配慮の元でやる「手抜き」は決して手抜きにはならないという例として分かりやすいと思います。ということで前置きが終わりましたので、本格的な話として岩附さん（1995）の記録（『乳幼児の知的教育』）を取り上げてみたいと思います。

ある日、四～五歳の子どもたち二五人と保育者は胸をワクワクさせながらおたまじゃくしやザリガニとりに出かけました。楽しくおしゃべりしながらいつもの散歩風景。さて、その帰り道のことです。

保育者「なあ、みんな帰り道は元来た道を帰るんじゃなくて、こっちの道を帰ってみない。この道は先生たちも初めての道やで、どう行ったらええのかわからんけど、子どもたちだけで帰れるかな」

私はかねがね散歩の行き先やコースは子どもと相談しながら決めていったほうがよいと思っていたので、この日のように時間的にも比較的余裕のあるこの機会に、一度、どの道を通って帰るのか選択権をすべて子どもたちにまかせてみようと思い立ち提案してみました。

子ども「うん、帰れる！　帰れる！　かんたん！　かんたん！」

その場で隊長、副隊長も決め、気分はまるで探険隊。「エイエイオー！」かちどき上げる声も勇ましくがぜんはりきりだしました。（中略）隊長は得意になって「こっちだ、こっちだ」

のに」

と一人ズンズン進んでいきます。「隊長ばっかこっすい、小さい子のめんどうをみやなあかん

僕だ、私だと先を争って新しい道探しに夢中です。ところが、そのうち行けども行けども抜け出る道がないことに気がつきだしました。どうも帰り道とはそれて歩いているような気配です。方向音痴の私（岩附）も自分の居場所がどのへんなのか一瞬、とまどってしまいました。

そんな気持ちから、いっそ道に迷ってしまったということにしたらどうだろう。ほんとうの冒険ができるかもしれない。そして困難な状況の中で一人ひとりが知恵を出しあい、みんなでどのように助け合っていったらいいのか考え合う場を創りだすよい機会になるのでは、と思ったのです。

保育者「たいへんだあ！　迷子になったみたい」

子ども「エッー！」

絶句する子どもたち。気分は一変、パニック状態に。そして一人ひとりの感情の動きがじつに多様に浮かび上かってきました。

「こっちの道へ行こてゆうたであかんのや！」と怒って泣き出すY子。「ちょうちょさんがこっちって指さしとるでこっちやと思う」とのんきなことを言っているのはM子。今にも泣き出しそうなのをグッとこらえているのは泣き虫のHくん。

「おじさんに道聞いて教えてもろたらええやんか」

いい考えだと思ったのですがあいにく人っこ一人通りません。（中略）ちょうど橋の下にさしかかったので、一度みんなを集めて対策を練ることにしました。

保育者「困ったなあ、帰る道がわからなくなってしまった。今夜はここで泊まらんならんかもわからんなあ。雨降ってもええようにちょうどコンクリートの屋根もついとるしな」（風雨が防げてかっこうの休憩地）

子ども「シクシク、メソメソ、こんなとこに泊まるのイヤヤ、お母さんが心配する」「こんなとこではごはんも食べれへん」

保育者「こういう時にはその辺の畑で食べ物を探すのが一番」

見渡すとなすび、かぼちゃ畑が目の前に広がっています。

保育者「今夜のおかずはなすびにしょう」

「イヤヤ、イヤヤ」の大合唱。

Tくん「先生！　地図を持ってきたらよかったんや！」

（中略）

保育者「今からどうする？」

子ども「もとの道にもどったほうがいいと思う」

大半の意見がもどるほうに大きく傾きかけていた時、隊長のMくん「先生、ハーイ、ハイ、ハイ、大丈夫真っすぐ行ったらええんやぼくわかった。ぼくについといで。この階段を上ってあっちへ行ったらいいの」。ほほを上気させ興奮気味にまくしたてます。隊長のMくんはいつもお母さんに連れられていくスーパーの広い道路に通じる橋の下にいることに気がついたようです。さすが隊長、みんなが混乱している最中でも、自分の現在地を確認しようとさっきからかけずりまわって、やっと帰る道を捜しあてたのです。ところが残念ながら、その道路は交通が激しく危険も伴うとあって他の道を探さざるをえませんでした。しかし隊長の指摘でまっすぐ行けば抜け出る道があるらしいという見通しを持つことができたのです。自信を持ったMくん、終始みんなをリードしてくれました。

やがて一本道も途切れ広いバス通りに出たようです。見知らぬ田園風景が広がっています。どうやらとんでもない方角に歩いてきてしまったらしくはるか彼方に保育園の近くの山が見えます。（中略）

保育者「今から歩いていくとオバケ坂（昔は木がうっそうと茂っていてオバケが出てうな場所だったので近所の人たちがそう呼んでいる）を越えるころには日が暮れるかもしれんなあ」（中略）

子ども「オバケ坂にオバケおらへん？」

保育者「昔はようけおったそうやけど、最近では家がいっぱい建ってオバケの数もめっきり減ったそうやで大丈夫やと思う」

互いに手をギュッと握りしめ肩を寄せあって歩いています。……そのうち「この道、小児科へ行くとき車で通ったことある！」MちゃんとSちゃんは同時に気がつきました。やがて見覚えのある家並みが見えはじめるにつれ、足どりも軽く、にわかに活気づいてきました。ようやくいつもの散歩コースにたどりついたときにはさすがホッとした様子。「この道散歩で来たことあるでもう安心や」「ここを曲がっていくと帰れる」いつもの見なれた道なのに、なんと新鮮に感じられたことでしょう。なつかしさがこみあげてくるようです。あれだけ長距離歩いたのにうれしい気持ちのほうが大きかったのでしょう。どこにあんな力が残っていたのかと驚くほど足早に歩いて帰りました。

＊「保母」は「保育者」に変更。

この後、園に帰ってから子どもたちがせっせと励みだしたのは何だったでしょうか？　地図作りです。記録には子どもたちが描いた散歩道の地図の絵も紹介されていますが、省略します。まったく愉快な冒険物語ですが途中での、子ども「オバケ坂にオバケおらへん？」に、保育者「昔はよおけおったそうやけど、最近ではオバケの数もめっきり減ったそうやで大丈夫やと思う」という返答など、金剛力を通り越してダイヤモンド力ですかね。

結果的に子どもたちが励みだしたのが「地図作り」であったというのは〈遊びが招く学びの愉快さ〉の典型みたいでうなってしまいますが、途中で困り果てている子どもたちの姿を描きながら、岩附さんは「こんなに遠くまで歩くのは初めての経験です。いつも用意周到に準備された環境ばかりでなく、一人ひとりが真剣に物事と対峙する場面があってもいいのではないでしょうか」と触れながら子どもたちとのオバケ会話を楽しんでいるのです。こういう会話は一見するとただ子どもを怖がらせているだけに見えますが、保育者の発言が半分独り言っぽいところが金剛力の金剛力ぽいところでしょう。子どもたちと一緒にオバケに対峙しようとしている、そういう雰囲気が漂ってくるのです。

一緒に直面する？

ふだんは大人たち（保護者や保育者たち）の手で守られ、その守備範囲の中で生きてきている子どもたちですが、自分たち自身が現実の前に立ち、選択の主体として直面させられたとき、さあ、どうする？　という話でした。こういう場合、大人自身もほんとにちょっと迷ってしまうような、そういう面があったほうがよいような気がします。たんに責任を子どもに委ねるというより、一緒に直面するのです。

『支えあい育ちあう乳幼児期の集団づくり』という本の中に下田浩太郎さん（2012）の「秘密基地づくり」の実践が載っています。五歳児二一人を連れての散歩で、ある日たまたま山に入ったとき、子どもたちが「ここヒミツキチにしよう！」と言い出して倒れた木を椅子に見立てたりして盛り上がりました。帰った後も「また作ろう」と言い出したので、今度はどんな基地にするか、他のクラスに見つからないようにカーテンを閉めたりドアにバリケードを作ったりして密かに話し合いをもったら、秘密を共有しあう雰囲気も生まれてきました。「屋根があって、門があって、ろうやも作って……」などとイメージが湧いてきたので竹や木材やのこぎりやロープなどを用意して出発。

到着すると、落ちている枝を集めたり邪魔な木を引き抜いたり、スコップを使って穴掘って門づくり。中には基地づくりよりも虫探しに夢中になる子たちもいましたが、わいわいと楽しい作業が続いている中で、まといちゃんという子が何気なく「これ、勝手に穴掘っていいの？」と聞いてきたのです。

この言葉を逃してはいけないと感じた下田さん、「そうだよね。本当は勝手に掘っちゃだめだよね。このお山だって誰かのものだもんね」と言うと、子どもたち「だれのおやまなの？」。ここからがこの実践の真骨頂です。担任はもちろん園長も所有者は分からないので役場に出かけていくと、所有者を調べるには「公図」というものが必要で、それをもとに地番を申請して、それでやっと分かる、という事情を知ります。ここで下田さん「とても手間のかかることだけに途中までは担任が行おうかとも考えましたが、やはりすべて子どもたちと共に行ってこそ……」と考え直して、すべてを子どもたちに打ち明けます。子どもたちは「すぐに行動したいという気持ちにあふれて」きて、さっそく一緒に役場に公図を取りに出かけ、さらに基地に戻って、照らし合わせながら探検しますが、目印になる橋は見つからず行き止まりに。困惑しているところで偶然に出会った人から森林組合に出かけたら分かるだろうと教えられます……

こうして真の所有者を見つけ出すという大発見事業を成し遂げていったという。所有者に了解を得て、これからが本格的な「秘密基地づくり」となりました。最初は虫探しに夢中だった子たちも作業に積極的に加わるようになり、口を重ねるごとにのこぎりの使い方も上達していって柱づくり。テントのように建てられた四本の基本柱を支えにして、一〇〇本以上もの竹をひもで結んで部屋ができあがっていきました。

部屋の中にクリスマスツリーを作ったり、わらを敷いて土足厳禁の部屋として、そこでみんなでおやつを食べるなど楽しみのつきない場所になっていきます。そうして、やがて卒園も近づいてきて……（感動的な「基地とのお別れ」の後日談は原書にゆずります）。

この活動の盛り上がりの理由について、下田さんは「秘密を共有しているという独特の仲間関係」がもたらした面と共に、（担任にも分からなかった）山の所有者探しを子どもたちと一緒にやったことではなかったか、と分析されています。

大波小波

『ごんごんの保育笑説』という本を読むと、著者の桜井ひろ子さん（2012）（通称ごんごん）が物事をきれいごとで丸く収めることができない人（笑い）なのだということがよく分かります。鬼ごっこで、つかまえてもらいたくてたまらず逃げないでいる三歳児を意を汲んで捕まえてやったら、四歳のなお子ちゃんが「ごんごん、ずるい」と怒る。と、五歳児のなりとし君が「なおこ、先生にズルイなんて言うな！」と注意したら、これにむっとなるごんごん。「なんで？　なおちゃんは私がずるいと思ったから言ったんでしょ。何で怒るのよ」。なりとし君、何で自分の正論が否定されたのか怪訝な顔になる。ごんごんはむちゃくちゃだ（と著者自身が書いている）。

別の日、子どもたちと散歩先の相談。さんざん議論の末、機関車のある公園に行こうということにみんなで決定、出発するが、当初マンションの公園がイイと言っていたひかる君が「行きたくない」と言いだし、としや君も同調。「だって話し合って決めたことじゃない！」と「さーさー早く行かないと遊べないよ」と引っ張って門を出た。二人は道々泣き続け、しかたなく「ねえ、みんな、ひかる君ととしや君が行きたくないって泣いてるんだけど、どうする？」。子どもたち、ちょっとざわついたあと、まさし君が「いいよ。行きたくないんだったら、おれたちもきかんしゃに行かなくていいよ」と言い出す。これに桜井ごんごんがぷっつんするのだ。

「えっ、みんなで行こうって決めたでしょ。何でそんなにかんたんにあきらめるの？　泣けばいいの？　じゃあ～私も泣く。行きた～い、行くってみんなで決めたんだから～わ～わ～あ～んあ～ん」。これに子どもたちが「ごんごんはいじわるだ」と怒り出して……

こうしてまた悶着が大きくなっていって……などという話が満載されています。

保育者の中には悶着大歓迎の人というのは時々いますね。小波をわざわざ大波にしていってというのが体質みたいになっている人や、収まりかけているところにさらに追加の事件を引き起こして話を面白く拡大していこうとする人。子どもたちの抵抗性をさらにアップさせようとする金剛力パワーです。

四歳児の生活発表会などで桃太郎など悪役が出てくる劇に取り組みますと鬼になってくれる子がいなかったり、いても桃太郎に勝ってしまったりして困った事態になりがちです。それが分かっていながら、この対立関係をことさらに強調するような取り組み方をする保育者もいるようです。

三重県のある園に参加観察を行った河崎道夫さん（1991）の報告によると、『とんぼのうんどうかい』（かこさとし作、偕成社／ぎゃんぐこうもりが悪役）を素材にした劇づくりにおいて、その担任は、まずはこうもり探検と称して園の隣の敷地にある木を探索する活動から開始しました。こうしてこうもりに対する子どもたちの興味をかき立てた後で「こうもりチーム対人間チーム」による助け鬼風の「こうもりごっこ」を始めるのです。

これはやがてはこうもり対虫チームに変わっていきます。両者の対立関係がルール遊びの形でかき立てられたのです。この過程と平行して劇づくりとしての『とんぼのうんどうかい』が進行したのですから、これは大変な冒険でした。当然ながら劇の中で戦いの場面になると必死になって闘いあって、こうもり軍団が勝つこともしばしばで、子どもからも「これじゃあ、劇にならないよ」という声も聞こえるほどになります。
ところが絵本の読み直しを含ませつつ、朝はこうもりごっこ午後は劇の練習という反復の中で次第に子どもたちの態度が変わっていき、最終的には劇は劇として区別して振る舞えるようになり、当日には最高のできばえの劇になっていったといいます（詳細は原文に）。

「遊びの保育」では、ときにはこういう冒険が求められる場合があるのではないでしょうか。前にも紹介した私が解説を書かせていただいている『みんな大人にだまされた』（吉田直美　1997）は二つの実践をまとめた抱腹絶倒の話ですが、ガリバーの息子のそのまた息子に依頼されて滋賀県の山の中で肝試しに取り組むことになった子どもたち。こわーいコースを選ぶに当たって、すったもんだのやりとりの末、やっと決心した子どもたちに、担任がさらなる難問（直美先生がうっかり秘密を他の人に漏らしてしまった、という失敗）を引き起こし、子どもたちの怒りを買います。そしてついには「おれは合宿行かない」と言い出す子が続出して……大混乱。これがやっと収まって現地に出かけて……そこでまたまた大問題が発生、というような金剛力パワー全開の展開となっています（こちらも詳細は原文に譲ります）。

子どもたちを上から目線だけで見て保育をキレイかつ単純に流れさせていくのではなく、子どもたちの抵抗性をも予期しながら、そういう子どもたちとの対等な関わりを楽しもうとする保育を求めるとすれば、金剛力パワーが必須のモノになるのではないでしょうか。金剛力パワーの発揮を含ませた保育計画であってほしいと思います。

第3章

遊びの本質

遊びの本質

私の研究室は、中央部には比較的大きなテーブルがあって学生たち（七、八人の四年生、ほぼ全員女子）が占拠しています。ゼミのときには私もそっちに座りますが、ふだんは部屋の隅にある私専用のパソコンと椅子の前にいます。ある日学生の一人が九州旅行をしてお菓子を買ってきました。さあ、それをみんなで食べようというとき、お茶が配られて、はーい乾杯、となったとき、私も「はーい」と応えましたが、私だけが隅の椅子に座ったままでした。学生（「ひかるちゃん」）「せんせーい、ノリ悪いー」と叫びました。「なんで、こっちに来てみんなと一緒に乾杯しようとしないの？」という意味です。私「へーい」。

遊びの本質はノリです。どんなに意義深く、高尚そうに見える遊びであろうと、ノリ無しでは遊びとは言えません。ショーウインドーの中のマネキン人形みたいなものです。反対に、手も足も顔までもが泥で汚れていても子どもが「にー」っと笑っていたら、そこにはノリがあります。

お父さんのお買い物

お父さんにお買い物を頼むとたいてい余計な物も買ってきてしまうという調査があるそうです。肉を頼まれたのに、なぜかついでに近くに置かれていたメザシや特選醤油はては板チョコ、スイカまでぶら下げて帰ってくるという。確かに身に覚えあります。

五ヵ月過ぎの男児（私の孫ではありません、念のため）。もちろんまだまだハイハイはできません。あるときうつぶせ状態で、右前方のガラガラに向かって両手をばたばたさせていました。どうやらそれを取ろうとしているようです。でもちょっと距離があってわずかに手が届かないのです。それでも何とか取ろうとするかのように身体を揺すっています。揺すると、ゆっさと前に出たときに手が近づきますが、ゆっさとまた後戻りします。この繰り返しをしているうちに、赤ん坊なりの直観で、身体を大きく揺すれば手が目標に近づくことに何となく気づいたらしく、だんだん揺すりが大きくなりました。顔つきが一段と真剣になってきています。ある瞬間に、ついに彼の揺すりが大波のようになり、目標のある右前方に揺れ返そうとするかのように、反対の左後方に身体を大きく引き戻しました。で、揺れ返して……届くかな？　と周りの大人が期待して見ていましたら、左後方に揺すった瞬間に彼の視線は左前方に向かい、そこで目に入った別のおもちゃを当然のように手にして、もて遊びを始めてしまいました。あらら。

五ヵ月にしてすでにお父さんの域に達しています。ノリのパワーに歳は関係ない？　なはは……

一歳児の会話

一歳児と二歳児の間での珍妙な会話。（以下で「ちゃう」は京都弁で「ちがう」の意）

出入り口のガラス戸から外を見ていたゆうくん（一歳児）とりゅうくん（二歳児）。
からすを見つけたゆうくん「ワンワン！」
りゅうくん「ワンワンとちゃう。からす……」
ゆうくん、指さして「ワンワン！」
りゅうくん「ちゃう！　からす！」
ゆうくん「ワンワン…」
りゅうくん「ちゃう！　からす」
何回かのやりとりの後　泣き顔になったりゅうくん。
「せんせい！　ゆうちゃん、からすやのにワンワンって言わはる！」と訴えた。
「大丈夫、大きくならはったらゆうくんも分からはるよ」とは言ったものの、りゅうくんはそんなに納得した風ではなかった（記録者：京都・たかせ保育園の谷口敦子さん　2015）。

うむむ……ですね。しかし、一歳児同士ではどうなるでしょうか。

以前京都の朱い実保育園にヌシのように四〇年もいた福本護さん（1995）は私の守護神のような人ですが、面白い記録をたくさん残しています。以下は彼が記録した一歳児クラスの子どもたちの会話（めったに見られるものではありません）です。

つい先日、KくんとTくんとDくんが砂山であそんでいました。Kくんは二歳になったばかりです。TくんとDくんは一歳一ヵ月です。はじめ、砂山の途中からKくんがト・ト・トとかけ下りました。それを見てTくんとDくんがト・ト・トとかけ下ります。かけ下りるといっても足つきはたどたどしいので、彼らにしては転ぶ心配があるのでちょっとした冒険です。Kくんが、また山を途中まで登ると、TくんとDくんもついて登ります。そしてまた、かけ下りる。このスリルがおもしろいのか、Kくんがキャッキャと笑いだしました。するとTくんもDくんも、キャッキャと笑います。よくカーテンに隠れてキャッキャ笑い合うのとよく似ています。

すると驚かされたのは、Kくんが急に足を止めて、Tくんに向かって「トーチャンオシゴト」といったのです。するとTくんは何やらわけのわからないことば「○△□×……」で対応し、そばにいたDくんはかなりはっきりした声で「アートー（ありがとう）」といったのです。

そしてKくんは「……な」といって、Dくんの顔をのぞくように見たのです。そこで会話はとぎれて、三人は別々にあそびに出かけたのですが、三人は、ちょっとはずかしそうに、しかしとてもうれしそうな満足げな顔をしていたのです。

福本さんいわく「転ぶかもしれないというスリル満点のあそびから、うまくかけ降りたという喜びで、笑いがこみ上げ、そしてあまりにうれしかったので、きっと何かの言葉を発したいという衝動にかられたのだと思います」。

ノリの共有が招いた「会話」らしいです。言葉の中身はちぐはぐでも気持ちでは会話が成立していたのでしょう。

三歳児のノリ

三歳児のノリをわずか数行で表現することはどだい無理な話ですが、ちょっと面白い話なので紹介します。教えてくれたのは以前京都にいて今は沖縄の保育園に移っている木下さん（ちなみに若い女性です）です。

ばばばあちゃんの絵本（『ばばばあちゃんシリーズ・あめふり』さとうわきこ作、福音館／ばば

ばあちゃんは雷に腹を立てて、いらなくなった物をストーブでどんどん燃やしていきます）を読んだ後、ごっこをしようと子どもたちを誘ったけど、その場には「燃やす」物は何にもなかったので……

保育者「よっしゃ、ばあちゃん、このくつした燃やしちゃうよ」「ついでにトレーナーももやしちゃえ」とほんとに脱いでストーブになっている机の下に放り込んだそうな。これを見て、まわりの子はポカーン。一瞬なんとも言えない間があったけど、はーちゃんがにやり。ばばばあちゃん役で着てたスカートを脱いでポイ。続いてちあきちゃん、なほちゃん、まーくんもポイポイ脱いでストーブに放り込んでいきます。どこまで脱ぐのと思いつつも「もっともやせー」とはやしたてていると、気づけばパンツも……。お尻丸出しのばあちゃんが四人もいました。ちあきちゃんが「まーくんのちんちんももやしー」だって。すごいこと言うわ……

このノリで生活発表会もやってのけたといいます。

ふとしたときのノリの良さは四、五歳児よりも上をいくことがある三歳児です。なにしろあんまり人目を気にしないもんで……

園舎建て替え計画

何度か紹介した『みんな大人にだまされた』という本の第二章です。これはある日、著者の吉田直美さん（1997）が園長から給料明細を渡されたときに子どもから「何もらったん？」と尋ねられ「給料?!　いくらもらってるの？」という話題になっていって、ついには先々の「くりのみ保育園」は大丈夫か？　という話題に進んだ話の顛末です。

子どもの前で「直美先生は、くりのみがつぶれていてビルやマンションが建つのは、とても残念でつらい。だから二〇年後、みんなが大人になるころ、園長から引き継いで直美先生が園長になります」と宣言、公約を掲げるのです。

保育園は「太陽が丘」（京都府のスポーツ広場、広さは甲子園球場の二五倍）くらいで、子どもには全員、自転車、ローラースケート、スケボーがプレゼントされ、園庭の隅には現園長の墓（しょんべん小僧つき）が建っている。広い温水プールつき、二階にはテレビや映画室有り、いつでも見たい映画が見られる。三階は食堂でレストラン式で部屋に入ると「いらっしゃいませ」とウェートレスさんが来てくれる。おやつも毎日五種類くらいある。四階はベッドルームで、女の子はかわいい柄の布団、男の子はかっこいい柄の布団、五階建てでエスカレーター付き……と延々と公約が公開されていきました。

ひえー、すんげーの声が上がり、「僕も行きたい」「千紗も、毎日プールに入る」と会話が続く中、菜摘ちゃん「わたしらじゃなくて、わたしらの子どもが入るんやで」。冷静である。これで話がしぼみかけたが、詩ちゃんや理恵ちゃん千賀ちゃん「こんな保育園やったら、うちの子ぜったい入れるわ」と再び盛り上がりだしたところで、顕君が言い出した。「直美先生、お金はどうするの？」

私「えー、あー、どうしよう。お金のことぜんぜん考えてへんかった！」

永「お金がなかったら建てられへんやんか」

理恵「そうやわ」

しかし、顕、そのあとがいい。「ぼく園長の墓代くらい出すけど……」

これをきっかけに、「ぼくも二〇万くらいだそうか」「ほな、二千円だすわ」「ぼく千円か一万円」とかと言いだす子たちが出てきたことをきっかけに寄付金集めが始まるのです。

数日後、園長（男性、五〇うん歳）が寄付金申込書を作って子どもたちのところに来る。担任がこれを大まじめに説明。これにあわてた子どもたち。角悟、綱、顕「今、ちがうで！　大人になってからやで。二〇年後、もうかってからにして」と必死。私「わかってるって」、詩「詩かて、引っ越しするかもしれへんって言ってはった」、私「そうか、そうか」、友菜「友菜んとこ、お金ないし、いっぱい払えへんで」などなど話ながら、子どもたちは寄付金申込書に記入していきます。
私「ところで、二〇年後も懇談会は大事にしたいし、みんな参加してや」
すると崇明、直幸は大まじめな顔で言いに来た。「直美先生、ぼくたちサッカーの選手になるやろ。テレビに出ることが多いと思うし、懇談会には来れへん」
私「そうか。でも、ぼくたちが来れへんときは、奥さんが来るとかしてよ。だって今でも、お母さんたちそうしてるやろ」
良浩「そんなときくらいサッカー休めよ」
綱「ぼく野球の選手。野球もテレビ出るで」……などなどと続いたところで、
私「大人になって、どんどん子ども産んで、くりのみに入れてや。百人くらいは入れたいし」
角悟「ぼくはせいぜい三人までやわ」
私「えーっ。なんで?!　角悟んとこ六人きょうだいで楽しそうやん」
角悟「たくさんいたら、たいへんやねんで。金がかかるんや。だから、ぼくは、せいぜい三人までやな」
綾「おまえ、何言ってんの。お前が産むんとちがうで」
綱「お前の奥さんが産むんやで。心配すんな」
菜摘「お金がかかるだけちがうで。世話するのがたいへんなんやで」

綾　「おまえんち、何人きょうだい？」
角悟「六人」
綾　「六人?!　なんで、角悟んとこだけどんどん産まれるのやろうなあ？」
　綾は一人っ子である。
菜摘「なっちゃん、まだ何人産むか決めてへん」。理恵「理恵も」、詩「詩も」、千賀「千賀も」
　……

　とまあ、こういう会話が進行しつつ、新しい園舎の設計図を子どもたちが絵に描いていく、それぞれ、園庭班、一階のプレイルーム班、二階の食堂班、三階ベッドルーム班……である。こうして集められた寄付金総額は一億円程度。これでは足りない、目標は五億であると提示して、こうなったら先生たちにも頼むしかないと、子どもたちが各先生たちに寄付金のお願いに回って行くのです。「利息はいくらや？」と言って子どもを困らせる大塚先生、孫が三人もいて大変だからと一〇円しか書いてくれなかったという山崎先生、園長が給料上げてくれたら出すと言い張る給食室の安田先生、こうして総額五億七一万三千四一円が集まることになりました。園長は未提出でゼロ。子どもたちから「ずるい」と陰口叩かれて……一体どういう園なんでしょうね？　ノリ園？（詳細は原書参照のこと）

遊びの定義をめぐって……

ほとんど何の前置きもなくずらずらとエピソードを紹介してきましたが、遊びとは何かという問題に理屈でかんたんに答えることは大変に難しいことです。なんて言うと、かんたんにじゃなくややこしくなら理屈で答えられるのか？　と言われると、残念ながら、それも無理です（笑い）。そこで最近私は「遊びの本質はノリですよ」の一言で乗り切ろうと決心しました。これ以上のことをぐだぐだと言っても、よく分かってないことをさらけ出すだけになるだけだと（還暦を過ぎる歳になってやっと）決心したのです。

とは言っても、ちょっとだけくらいは理屈を言っておきたい。研究者の懲りないサガと思ってお許しください。

＊遊ぶが勝ち

四〇〇メートルハードル日本記録保持者で現在はコメンテーター、ランニングクラブの指導者、そして企業のヘルス研修の講師活動にも奮闘されている為末大さん（2013）という方が『遊ぶが勝ち』という本を書かれています。本の副題は「『ホモ・ルーデンス』で君も跳べ」です。

『ホモ・ルーデンス』はオランダの哲学者ホイジンガ（1938）による世界的に有名な本ですが、

為末さんはこの本から遊びについて学んで、それを走者として、あるいはクラブ経営に、あるいは講師活動にも生かしているというのです。結論が「遊ぶが勝ち」となっているわけです。

ホイジンガは、人間は遊ぶ存在であり、このことが様々な人間の文化（哲学から芸術、そして裁判とか戦争に至るまで……）の創造と発展に関わってきたと主張したことで知られる人です。

しかし彼が実際に取り上げることができた遊びは表現系の遊びと競争の遊びであった（保育でいえば、ごっこ遊びとルール遊び）。これでは遊び観として狭すぎるだろうと批判したのは『遊びと人間』という本で有名なフランスの哲学者カイヨワ（1958）です。カイヨワが追加したのは競馬や博打などの賭け事と眩暈（めまい：ジェットコースターやトランポリン、スキー、滑り台などなど）でした。ホイジンガが取り上げたのが二つだったとすればカイヨワはこれを四つに増やしたのです。保育における遊びという視点で見るとこの四つでもまだまだ狭すぎる（水・泥・虫など自然素材との関わり遊びや探検遊び、そしてクッキングなどの生活的遊び他、遥かに多数）のですが、遊びの種類について視野を広げようとした功績は大きいでしょう。

このことを評価しながら、確かに遊びにはいろいろあってカイヨワの主張ももっともであるとしながら、でも、そうすると、遊びにはあれもあればこれもある……ということになって、けっきょくそもそも遊びって何だろう？　という問いには答えられなくなるじゃないか！　とカイヨワを批判したのが、ズバリ『遊び』というタイトルの本を書いたフランスの哲学者ジャック・アンリオ（1969）でした。

そもそも「果物って何?」という問いだったのにホイジンガは「ミカンとリンゴ」と答えて「どうだ両方とも美味しいだろう。おいしい物は人間の生活を豊かにするんだ」と言ったら、カイヨワが「果物はミカンとリンゴだけじゃない。柿だってバナナだってあるだろう。こいつらも美味しいぞ」と言ったのに対して、ジャック・アンリオは「それは分かるけど、じゃあ、そもそも果物って何なんだ?」と問い返した、というわけです。

*ゆとり&ノリ

ジャック・アンリオは、遊びには確かに様々なタイプ(活動)のものがあるけれど、どんな種類の遊びをやっていても、その中に共通に見られる何か(彼は「共通分母」という言葉を使っています)があるだろう、それが何であるかが問題だと提起しました。そのあとの彼の議論は実にぐちゃぐちゃしていますので紹介しにくい(と言うかはっきり言うと分かりにくい)ですので、私(加用2013)なりに理解してまとめますと、それは(心的な)「ゆとり&ノリ」ということになりそうです。

そういう意味で「遊びって何?」には「ノリです」という答え方が、まあ、当たらずと言えども遠からず(日本語の「ノリ」には「ゆとり」というニュアンスも含まれている感じがします)のようなのです。アメリカのチクセントミハイという社会学者が使っている「フロー」という言葉は特殊な大人向き過ぎて子どもに当てはめるのはどうか? と思いますが、近いと言えば近いと思います。

しかし「遊びはノリだー」と言ってしまえばそれですむかと言うとそんなわけにはいきません。どんな種類の活動をしているときのどんなノリなのか？　これが保育では大問題でしょう。

保育計画はここに関わってきますし、経験する活動の種類は年齢によっても違ってくる面があります。これを整理しようとした勅使千鶴さん（1999）による「遊びの種類とその発展過程」は貴重な労作の一つです。遊びの活動的種類を「感覚あそび・運動的あそび」「ルールあそび」「模倣あそびから役割あそびへ」「もてあそびから構成あそびへ」「あやしあそびからわらべうたあそびへ」「ことばあそび」と分類されたうえで、0歳から年長五歳児まで各年齢ごとに代表的な遊び方を示されています。ぜひ原書にあたっていただきたいと思います。

しかし実際の遊びの活動的種類はまだまだ広く、そして「ノリ」的側面も同時に考慮してとなると理論的には前人未踏の世界となります。

そういうわけで、私などの力を遥かに超えた世界ですので、だからまただらだらと、じゃなくてずいずいとおもしろ話を続けます。

ノリが招くもの

大人でも、ちょっと遊びっぽい取り組み（保護者会主催のバザーとか、研究集会の開催とか、建物の建設などなど）が終わった後での飲み会などになると、それが盛り上がっておしゃべりが弾むことがあります。そういうときは「あのときの○○さん別人みたいやったなあ」とか「あのときは、もうどうなるか思ったけど、さすがや、○○さん走るの速いわ」「やっぱり、あのおっさんには最初に謝っといてよかったでー」「計算してみたら一桁ちがうやん、もう逃げようかと思った」……などなど、どんな発言でもみんなが笑いで応えます。中には冷静に考えたら、ほんとにそういうことがあったのか？　と思えるような思い違い発言もでてくることがありますが、誰もそれをとがめたりせずに、ただ笑い合って、これを契機に次つぎに冗談が飛んでいく、そういうときがあります。ノリのある活動の後でのノリのある会話の成り行きというモノです。

ノリやすいという点では子どものほうが上をいきますので、こういうノリ性を利用しない手はありません。

田中義和さん（2011）が『子どもの発達と描画活動の指導』というこの分野での総括的な本を著

しています。「描く」という子どもたちの活動への視野の広さと、全国各地での保育実践の取り上げ方の誠実さという点で名著という名にふさわしい本と思いますが、興味深い実践がたくさん取り上げられています。

その中の一つ。名古屋・のぎく保育園の二歳児クラスの実践です。担任の島田さん川元さんは大きな紙を使って共同画を楽しんでいますが、あるときは、紙にあらかじめ白いクレパスで魚など海の生き物をたくさん描いておきます（白い紙の上に白で描いていますので当然ながらよくは見えません）。そこでグループに分かれて「みんなも海を作ろう」と、タンポにたっぷりと青の水彩絵の具を含ませて「ザブーン、ザブーン」と大胆にぬっていきます。ぬり広げていくと、白で描いた魚やタコ、クラゲ、ヒトデ、ウニや昆布などが次々と現れてきます。子どもたちはびっくりして「あーお魚がおった！」「ここにもおったよ！」と保育者に教えたり「ここにもおるかな？」「いたねー」と子ども同士でも盛り上がっていったそうです。田中さんが続けています。

そして、興味深いのはその中での子どもたちの姿です。ふだんは、友だちとうまく関わりがもてず、トラブルの多いAくん。でも、このときは、他の子とトラブルもなくいっしょに描いて、両手に持ったタンポで画用紙がやぶれるくらいにぬって楽しみました。タンポでぬたくったり、魚を発見したり、ワクワク楽しい活動に取り組んで、友だちとの関わりも増え、会話も弾んだと報告されています。

京都・西野山保育園の吉村千歳・佐下橋康子さん（2015）による忍者の実践記録があります（一〇年以上も前になりますが、私もこの園の忍者の実践に直接関わった経験があり、その話は次章で紹介します）。

実践記録そのものは四〇〇字詰め原稿用紙で三〇数枚にわたる大著ですので、ここではほんの一部だけの紹介になりますが、対象は四歳児です。

三歳クラス時点では……個々の成長を感じながらも、友達との関わりで、トラブルが絶えず、暴れたり心無い言葉を発したりなど荒れた姿も多く、悩みの尽きない毎日でした。そして四歳児になり……かんたんなルールのあるゲーム遊びでは、「あ～楽しかった！」と子どもも担任も充実感！楽しいことがたくさんみんなで出来るようになってきて、クラス集団として面白さが増してきました。一方で、手だての必要な子が目だち、日々話題に尽きない出来事が多すぎて記憶出来ないほどです。トラブルも発生しだすと目も手も足りないほど、同時多発に発生します。次々とやりたい事をして、身体も止まらず、担任の声も届かないときはケガと隣り合わせで危機感さえ覚えます。……注意をすればきりがない!!　モグラたたきのよう。……（何かを持ってきて）見せる子が隣にいれば先に見ようとばかりに覗き込もうとして「見えたもんね～!!」「見んといて（怒）!!」とトラブルが起きたり、もったいぶってなかなか見せようとしない子には「はよして！」「もう見てあげへんで！」とイライラ。見せる子も自分が終われば人のことは関係ないかのように、おしゃべりが止まらない。……などという雰囲気が日常茶飯事であった、そんなとき……

＊忍者修行

この園では四歳児が夏の一日夜八時まで楽しいことをして保育園で過ごす「夕方探検」という恒例行事があるのですが、この行事の中に忍者を持ち出そうと計画して、担任二人で調べたところ「忍び装束」「忍器」「忍術」「忍者食」などなど何でもやれそうだと分かります。

六月あたりから、まずは絵本で関心を惹きつけて、手裏剣を作ったり、「泥だんご作ったら忍者さんに会えるかも……」などわけの分からない話も出ましたが、さっそく近隣の神社の山に探検に出かけます。ここでさまざまの偶然の出会い（カラスのいたずら、神社の灯籠の形が子どもたちの作った十字手裏剣にそっくりだったり）があって、がぜん盛り上がります。そして「拙者の仲間になりたいのか？　ならば拙者がしている修業を教えよう。いつも見ているから頑張ってくれ。忍者より」などという手紙も届き、園内でも忍者の修行が流行だし、犬走り、キツネ走り、うずら隠れ、たぬき隠れ……などなど。愉快なのでうずら隠れの様子を紹介します。事務室の先生も給食室の先生も、そして年長五歳児までもがその気になって協力してくれるのです。

うつぶせになってからだをうずらのように小さくして丸めるポーズ。これを全員がやっているお笑いの写真があります。「うずらのポーズで一〇我慢できる？」に「かんたんや～」と難なく一〇秒クリア！　次はいよいようずら隠れ。「うずら隠れ!!」と叫べばサッと小さくなれる子どもたち。一〇秒なんてかんたんかんたんとまったく動かない子どもたち。「あれ！　どこに行ったんや？」。呼んでも返事もなく、ちょっと近くの友達と目を合わせると、僕ら見えてないもんな！と言わんばかりの自信に満ち溢れたうずら隠れ。試しに部屋をうろうろ歩いてもすぐに「うずら隠れ！」と叫べばいつでもどこでもできるくらいの極めよう……。「よし！　違う部屋にも行こう！」と、そ〜っとそ〜っと出発。背をかがめて部屋から出るとさっそく離乳食を運ぶ乳児クラスの保育者発見!!　担任の「うずら隠れ！」の合図でピタ!!　「あれ!?　なんか今音がした気がするのに誰もいない……。なんでやろ？」と通り過ぎてくれます。過ぎ去るとニヤニヤ……ニタニタ。次は給食室のカウンター前。廊下を向きながら作業をする給食室の先生。これは危ない!!　とほふく前進のように進み、カウンター前で「うずら隠れ！」しますが、まったく気付かれない!!　必死の表情でカウンター前を過ぎ去る子どもたち。そして最大の難所、事務所。真正面から突入したうえで「うずら隠れ！」でも……園長さんにも気づかれなかった!!　部屋に戻ると緊張が一気に解け「ヤッター！」と大喜びでした。

ところが、部屋に戻って見えてない自分たちに大喜びをしたのも束の間。五歳児の担任が突然部屋に入ってきて、慌ててみんなうずら隠れ。「あ！　セミがいる！」と罠をかけられ、思わず体が動きそうになった男の子数名が必死で我慢！　次は個人攻撃とばかりに「ＳＹちゃん？」とあまりに自然に名前を呼び掛けられ手を挙げてしまうＳＹちゃん。ハッと気づき慌ててうずら隠れ。その後も次々名前を呼ばれるも必死に身を隠し続けるのでした……とあります。

……自分たちの忍術をもっと試してみたくて、次は五歳児が「三つ編み」に取り組んでいる中へ

「ゆりさんにみつからないように……」呟きつつ犬走りで侵入。五歳児の子どもの視線を感じたらうずら隠れ!!　何事もなかったように三つ編みを続ける五歳児の子どもたちでした（さすが五歳児です。誰一人例外なく気づかないふりをしてのってくれたといいます）。

他にもこんな調子の記録が満載されていますが省略します。この実践の白眉は記録のまとめ部分にある次の文章です。

一人一人の子どもにとって、忍者の世界で自分の発見した事実は、みんなとイメージが共有でき、そのイメージの世界には正解や間違いがないので発言することも楽しんでいました。聞く側も、ふだんなら「ちゃうで！」と否定的な話の入り方をするＡくん、Ｂくんを含め、みんなで「ほんまや！」「なるほど」と、相手を否定する言葉がなく共感の連続。ＣくんＤくんは否定されたり、思いが違うとキレて飛び出す・脱ぐ・高いところに登ったり物を投げつけるなど派手な行動に出る姿がよく見られるのですが、彼らも含めてみんながお互いの主張に耳を傾け合い、認め合う姿が見られました。普段の生活からは考えられない程不思議……。そのため、揉め事もなく、担任二人共がどっぷり子ども達と忍者の世界に入り込め、心から楽しめたように思います。

ノリが招いたノリの快感の共有でした。大人だってそうですが、面白くってしかたがないという雰囲気ができてくると、人のアラ探しなどどうでもよくなるものでしょう。

とはいえ、ノリが招くモノとは何か？　これはまだまだ研究課題に満ちた領域です。たとえば、前章で紹介した人間ラグビーの見神さんによると、生活発表会も近づく一、二月頃、劇の練習も必要になってきますが、午前中に公園に出かけて激しい肉弾戦の遊びを経験すると、午後の食事の後、劇の練習がスムーズに進みやすい傾向があったといいます。

これはたとえばの話ですが、こういう事柄、ある種の活動へのノリ経験は別の活動のノリ経験に有機的につながることがあるようです。ノリを介した活動間連関問題です。しかし、こういう問題が主題にされて研究されたことはほとんどないと思います。まさしく前人未踏の世界です。ですからこれ以上触れられませんので話題を変えます。大人たちのお馬鹿なノリです。

子どもと遊ぶ大人

子どもだけなんてズルイ

二四日は、おじいちゃんおばあちゃんと、かみさんも俺も何もせんで眠ってしまったんだよね。

朝起きたら、子どもらが（三年生男児と四歳女児）わーわー泣いてる。ゆうべ贈物を置いしとくのを忘れてたんだ。

しかたないから、かみさんが子どもの相手してる間に、そうっと俺だけ抜け出してベランダの下に出てそこに置いたよ。かみさんが、子どもらに「ようく見てみたら？……ひょっとして、ベランダのほうかもよ」とか言って、……見つけた途端にけろっとしてる……

あれ大変なんだよな。買ってきたものを「ダイエー五七〇円」とかいうのはがさなくちゃいけないし、それも子どもが寝静まってからやるんだ。うちの上のもう三年生だから「今年はずっと起きてて、サンタが置くのを見て確かめるんだ」とか言って前の晩頑張ってたからなあ。

前の晩、俺、子どもに「いつもおまえたちだけもらってズルイぞ」「今年はお父さんもプレゼントもらうんだ」とか言って、枕元に子どもの本とかおもちゃなんか置いて、布団を目の下までかぶって「見えないようにして、子どものふりしてよ」ってやったんだ。そんなんでうっかり置くの忘れてたんだ。

そうやこうやでいろいろ苦労したのに、肝心の詰めを欠いてたんだ。後で子ども部屋に行ってみたら、枕元に手紙が置かれてて、上のが書いたんだろう。「隣に寝てんのは、子どもではありません、あれはお父さんです、間違わないでください」って書いてた。

これは私の同僚の音楽科の先生が話してくれた実話です。子どもの前で馬鹿ノリしてアホこいてたらうっかり……という笑い話です。

しかし、まあ、ノリの結果ですからしかたありませんね。

笑撃

私が持っている講義科目のひとつに「幼児心理学総論」というのがあります。内容は子どもの遊びですので、この授業の最大のねらいは、現代の若者である学生たちに素地として育っている遊び感覚を「そのまんま」出してもいいんだよということを伝えることです。ここまでは出しても大丈夫だよという私なりの限界値みたいなものを示して味わってもらうことです。

授業の第一回目では「外に出ようか」と言ってグラウンドに連れ出します。学生たちはたいてい驚きます。「心理学の講義の授業」のはずなのにいきなり「鬼ごっこ」するわけですから。こういうときに盛り上がらない鬼ごっこをやっては台無しです。学生がやって必ず盛り上がる、そういう鬼ごっこをするのです。まずは電気鬼です。詳細は省略しますが、この遊びは思春期以降の集団であれば必ず盛り上がります（三〇分が限界ですが）。ついで缶蹴りに移ります。

缶蹴りは面白い遊びですが、かならず盛り上がるとは限りません。初めから「なんで授業でこんなことするんだよ?」みたいに思っている学生たちが多い場合は、隠れたことをイイコトに勝手に食堂なんかに行ってしまって帰ってこないこともあるのです。ですからこちらがノリを示してあげる必要があるわけです。

あるときは、大学内の公道に缶を置いてやるというやり方をとったとき、私自身が隠れながらも、オニに見つからないように缶を蹴るタイミングがとれないでいました。そのとき一緒に隠れていた女子学生二人の顔を見て、とっさに思いつきました。「ついてきて！」と誘って、怪訝な顔ながら何かありそうと面白がっている風情が感じられたので、駐車場まで行き、二人を車に乗せました。「どうすんの？　先生？」――「車で缶のところまで行って、ぱっと降りて、君らが蹴るんだよ」と言うと、瞬時に通じました。大笑いしています。やるぞーという気合いが満ちました。

車が近づくと、当然、オニ役の学生は缶をそのままに道をよけます。そこで急に止まって乗っていた子たちがドアを開けて飛び出して蹴って逃げました。成功を見て、私は車を走らせて逃げる。背後で大騒ぎになっているのが分かりました。

あのときは驚いたという感想がしばらく続きました。現代の学生相手では毎週ある授業の二、三回に一回はこういう笑撃の展開が求められます。

京都・あらぐさ保育園の谷川芳秋さん（2014）（現在四〇うん歳？）は元は車のディーラーだったという変わり種で今は保育者としてベテランの域に達していますが、話を聞いていると彼もかなりのやり手です。いろんな話がありますが『季刊保育問題研究』が「保育におけるあそび人の奥義」という特集を組んだときに全国各地のおもしろ人の一人として登場しています。

幼児相手にルールのある集団遊びを導入しようとしても、年度によってはどうもうまくいかない現状があり、こりゃあ「マテマテ遊び」から再構築じゃな、と「逃走中ごっこ」なるものをはじめてみました、とあります。保育者が無表情で公園を徘徊し、子どもが近くに来たら猛然とダッシュして全速力で捕まえに行くという。ときにはサングラスをかけて「ハンター」になり無表情で公園を徘徊するという不審者丸出しもやります。こういうのをやりながら子どもに「一〇人砂場に集まってヘンな顔をしろ」とか「三〇秒以内に手つなぎでジャングルジムを囲め」などのミッションを入れたりもする。「ヘンな奴に追いかけられて捕まったら大変なことになるごっこ」というのもあって、トレーナーを頭までかぶって「ジャラミおじさん」（女性の同僚はジャラミおばさん）になって追いかけます。これにつかまるとプロレス技をかけられて締め上げられるのです。逆に本人が子どもたちに捕まって技をかけられて絶叫している写真も載っています。限界値の追求ですね。

この雑誌の同号には、キャラクターお面大好きの園長（大分・たんぽぽ保育園の西郡律子さん2014）も登場していて、子どもたちがトイレをのぞいたら猿のお面をかぶった人が掃除していて「猿がトイレ掃除しているよ！」と叫んで子どもたちが寄ってきたので「ウッキッキー」と叫んでサービスしてあげたとか、奇妙な表情をした白人女性マリーさんのお面をかぶった人がピアノ弾いていたりして、ちょっかいを出してくる子に突然襲いかかってくることもあるとか。過激なのは死神のマスクで、見ようによってはゾンビにも見えるらしい。これをかぶって廊下を走ったりすると子どもたちが歓声をあげて近寄ってくる。

……その中に、なかなか集団に入れない新入園児のＫや、鬼ごっこなどのルールが理解できず衝突ばかりするＳがまじっていたりすると、がぜん力がわいてくる……後ろ向きに歩いて急に振り向いたり、ゾンビが手遊びしたりする。子どもの反応は、気が狂うほど喜ぶ子と泣く子と両極端。あまり泣かせて苦情が出たら困るので、しょっちゅうやるわけにはいかない……「あら、なんか踊ってるねえ」などとフォローに回ってくれるのは職員で、怖がりの子はそんな職員に抱かれて観客に徹している、などと書かれています。

恐るべしです。

雨の日

東京の学童保育の指導員に早乙女さんという人（男性・四〇代後半）がいて、彼が東京の青山学院大学で「学童の指導員とは何か？」と題して講演した記録があります。全体はかなり長くて、学童の指導員という不思議な職業の本質を具体的なエピソード満載で論じた非常に面白い内容です。その中から学童の指導員の第二の特性として語っている部分から、一部引用してみます。

二つめは、「思い切り楽しく遊んでくれる人」としてみました。

子どもは、自分たちと同じぐらいに、その遊びを楽しんでくれる大人が大好きです。僕ね、これだけは自信があるのだな。子ども以上に遊びに夢中になってしまうことがよくありますから。僕だって昔の子ですよ、今の子と遊んでいる内に、昔の子の血が騒ぎ出す時があるのです。

これは、だいぶ古い事例になってしまいますが、ある年、ものすごい台風が来たことがありまして、この時、文京区では神田川が決壊するかもしれないというたいへんな騒ぎになったのです。だから、僕らも心配で子どもたちを学校まで迎えに行きました。

施設の坂の下は、膝まで水に漬かってしまうような、ものすごい状況になっていましたね。だから、それはもうたいへんな思いで子どもたちを連れて育成室まで戻ってきたわけです。お互いの無事を確認して、「やっと戻れたね」、「たいへんだったなぁ」って、声を掛け合っている、そんな場面で、周という男がとんでもないことを言い出しました。「ねえ、マッチ、もう一度、みんなで、あの嵐の中を歩いてみない？」って。やっとの思いで育成室まで辿り着くことができた、そんなときでしたから、僕も、思わず「えっ！」って言葉を失ってしまいました。でもね、ちょっとだけ考えてみたのですよ。

〝果たして、この子達の人生において、今後、再び、嵐の中を仲間と一緒に練り歩くという、そんなチャンスに恵まれることがあるのだろうか？〟ってね。

〝いや、それはないな、だったら今しかないのではないか〟とも思いました。

そう思ったら僕は周の願いになんとか応えてあげたいという気持ちになってくるわけです。でも、本当に大丈夫なのだろうかって、その場で検討はしてみたのですよ。

〝確か、ドライヤーが一台、二階にあったよな〟

〝バスタオルはないけど、フェイスタオルならいっぱいあるぞ〟

〝この子達のロッカーには着替えが入っているし育成室専用の上履きも残されている〟〝だいたい、この子たちは、もう既に全身・ずぶ濡れ、どうせ後で着替えることになるのだ〟って、そこまで考えたとき、「なぁんだ、けっきょく何にも問題ないのじゃない」って、気付いたわけですよ。さて、こうなってくると、僕の中で「昔の子」が騒ぎ出すのですね。僕は言っていました。「よろしい。周君。君はすぐに隊員の募集を始めてくれたまえ！」って。周は、その場で一二、三人の隊員を集めてきました。そして、僕らは傘を置いて、嵐の中へと旅立って行くわけです。施設の目の前に大きな坂がありまして、まずは、そこをゆっくりと登っていく。まぁ、普通に歩いても登れる坂なのですよ。いくら豪雨とは言ってもね。でも、それじゃ嵐の探検隊になりませんから、僕らはこうして、四つんばいになりながら、みんなして登ったのです。　まさに、ファイトー一発！　の世界ですよね。そして、坂を登りきると、そこに一軒の民家が見えてきました。その軒先からは、滝のように水が流れ落ちています。誰かやるのかな〜と思って見ていましたら、やっぱりいましたね。滝の下で禅を組んで「修行」ってやる奴。

　僕は僕で、車の来ない遊戯道路に仰向けになって、大の字に寝転んでみました。そして、雨を下から見あげてみたのですね。ものすごい雨でしたから、なかなか目を開けられなかったのですけど、ほんの一瞬、目を開けたときに雨粒がまん丸に見えたのですよ。雨って真下から見上げてみると、丸く見えるのですね。

これは、大発見です。みなさんも、機会があればぜひやってみてください。で、僕の横に何人かの子が同じようにして寝転んでいましたから、「どうだ！　楽しいか」って聞いてみたのです。そうしたら「楽しい！」って、そいつも大声で答えてくれる。すぐ横にいても、大声を出さないと聞こえない、そのぐらい、ものすごい豪雨の中、僕らは夢中になっていました。ところが、どうも、途中から、子どもたちが静かになったような気がして、それで、「あれ？おかしいな」って身を起こしてみましたら、なんと！　お母さんが二人、厳しい顔つきで僕を見下ろしていたのですね。

それは、わが子を心配して、迎えに来ていたお母さんたちでした。かわいそうに、探検隊の一人が、その母親から「あんた、馬鹿じゃないの。何やっているのよ！」って叱られていましたよ。僕は「いえ、お母さん、隊長は僕ですから、僕に言ってください」って言ったのですけど、これはもう完全に無視されちゃいまして、とうとう大切な隊員が二名、母親の手によって拉致されてしまいました。


愉快な記録です。ノリ以外の何ものでもありません。

＊自然との一体感覚

余談的になりますが、ここで特に注目してみたいのは大の字になって道路に寝ころんで雨を下から見てみたという一節です。雨は下から見ると丸く見える、という。有名なレイチェル・カーソン（1996）の『センス・オブ・ワンダー』にも、一九ページ（訳書）でトリカイゴケのじゅうたんの話として「……ロジャーは大よろこびでまるまるとしたひざをついてその感触を楽しみ、あちらからこちらへと走りまわり、ふかふかした苔のじゅうたんに叫び声をあげて飛び込んだのです」という一節がありますし、三〇ページには「はるか遠くの水平線が、宇宙をふちどっています。私たちは寝ころんで、何百万という星が暗い夜空にきらめいているのを見上げていました」という一節があります。

発見という角度から論じられているのですが、こういう経験を実際にしてみると分かるように、草地や地面のような場所に上向きに寝ころびますと、背中に大地を感じることができます。というより、しばらく寝ころんでいれば、自分が大地や草地に沈み込むというか、その一部になったような実感が得られるものです。大げさに言えば地球を背負って上を見ている、というか。以前『現代と保育』で紹介したことがありますが、冬のドーバー海峡（イギリスとフランスの間の海）を泳いで渡ったという快挙で知られる大貫映子さんという方が、泳ぎということについて語っている中に、「調子のいいときは海に入ったとたんに分かる。そういうときは自分の身体が海に溶け込んでしまいます」という一節があります。水彩絵の具を水に溶かしたみたいに、身体が海の水の一部になってしまうという。手足をエイヤエイヤと動かして前に進む、という素人の泳ぎイメージとはずいぶん違うみたいです。

自然とのこういう一体感感覚というのは、もちろん自然の神秘の発見や好奇心と不可分なわけですが、そういう外界知覚系的な感覚や思考だけに目を奪われていると、見聞きした物への感動話（センス・オブ・ワンダーの狭い理解）だけになってしまって、背景にある一体感覚は見逃されやすいものです。

第4章

「遊びの保育」
の必須アイテム
その③

妖しさ

一歳児たち……

以前、ある保育者から「最近の一番面白かった事件」として聞いた話。

一歳児たちを連れて近くの公園に散歩に出かけました。つくなり子どもたちは三々五々勝手に歩き回ります。ある男の子は公園中央にある大きな木に向かって行きました。とことこと歩いて行って、やっと木の根元までたどりつき、木の幹にそって見上げていきました。目が木の上方に向かう。そして、後ろ向きにひっくり返ってしまったとか。

恐るべし。何がって、木です。(冒頭余談、おしまいです)

ユキちゃんの手

二、三ヵ月おきに帰省してくる孫(一歳二ヵ月時点)を見ていてつくづく思うのですが、まったく人間の赤ん坊というのは恐るべきものです。自分の手で操れそうな物なら何にでも手を出していきます。電池の充電器、ティッシュの箱、綿棒のボックス、金魚の餌から電気のコードにまで(なめると危ないですね）……引っ張っては投げたり、ひっくり返し、しばし見つめてから中身をほじり出す。それも次々と。何にでも興味を示すのです。こういうとき大人としては床にアレルギー物質などあった場合にはどうなるのかとはらはらさせられますが、赤ん坊はそんな大人事情（？）など物ともせずに突き進んでいくのです。

このあたりの容赦のない様相を吉村真理子さん（1980）は名著『0〜2歳児の保育手帳』で、もうすぐ一歳になる女児を例にとってこう描いています（以下、時代に合わせて「保母」を「保育者」に変えさせていただきました）。

ユキちゃんは、まだおむつのとれない大きなおしりを待ち上げた四つんばいで、五メートル余の道を遠しともせず、水道目がけてひたすらに進み、やっとたどりつくと、やおらその縁につかまって立ち、おなかで体を支えながら背のびをしてやっとじゃ口に顔を届かせる。その前に、見守っていた保育者が先回りしてじゃ口をよく洗い、ほんの少しゆるめておく。ポータリ、ポタリと落ちる程度に。ユキちゃんは口をつけて、チュッチュッと吸って大満足。やがて下にたまった水に両手をつけてバチャバチャたたいている。

（略）ユキちゃんは、まるまると太っているのでまだひとり立ちはできないが、その生き生きと輝く瞳が示すように、とても意欲的で、木陰のゴザの上などでじっとしているわけはない。水道から砂場へ、小鳥のかごへと次々訪ねていっては座りこみ、そのかわいい両手であらゆることを試している。砂をギュッと握ってみる。パタパタたたく。カップですくう。誰かが作って縁に並べてある型抜きのプリン（昔はおまんじゅうといったものだ）を手でこわしては、保育者を見上げてキャッキャッと笑う。小鳥のかごの側へ座ってパンパンとカゴをたたいては、中の小鳥たちをノイローゼ気味にする。悪いと思ってか、その辺に落ちてるものをなんであれカゴの中に差し入れる。紙くずや小石なども。

ユキちゃんの手は、もういろいろなものと親しくなった。絵の具、小麦粉粘土（小麦粉を固めに水でといたもの）、土、砂、それから食物……。みんな手を汚すものばかり。

「一歳児の遊びは歩くことにつきるといってよい」（p.154）と言い切る吉村さんですからこういう叙述にリアリティがありますし、最後の（手が）「いろいろなものと親しくなった」という表現が見事です。

とはいえ、八、九ヵ月、一歳、一歳半へと進むにつれて、次第に興味関心の持ち方に落差がついてきます。

たとえば現在の孫にとっては、袋とか箱とか、その中に何か入れられそうな「穴」は格別な誘因力を持っている（今井和子さん（1990）の卓見です。名著『自我の育ちと探索活動』で未満児にとっての「棒と穴」の魅力を写真付きで説得的に指摘されています。物と物を関係づける・はめ込む、その志向性に目覚めた乳児にとって何かをいじる「棒」と何かに何かを入れる「穴」はうってつけの素材なのでしょう。大人の目、鼻、口、耳も「穴」です）らしく、箱を見ると中身を取り出しては、またそこに入れ直していく、スーパーの袋を左手に持ち、右手でその中にお椀を次々に入れていき、ついには新聞まで入れようとして、こちらはなかなか入れられないのですが、いらつきもせず、今度はコップの中に別のコップをねじ入れようとして、それは無理。……ふと見回すと、前方に猫（愛称「アイちゃん」）がいるわけです。

昔、娘の友だちが公園で拾ってきて以来、うちの家族の一員になりました。人間なら一〇〇歳近い一九歳の老猫なので人間の赤ん坊の容赦ない追跡には抵抗もできない悲惨さで、椅子の背後に逃げてもすぐさまのぞき込まれて、尻尾を捕まれたり、背中をどんどんされたり……大変な厄災です。若いときなら足早く逃げ去ったり前足で抵抗したりもできたのでしょうが、今となっては人間の赤ん坊の暴虐にはとてもかないません。孫は止めようとする大人の手を振り切るようにして追っていくのです。

「いないいないばあ」や「まてまて」の追いかけっこなどの大興奮的、情動的交流遊びを別にすれば、現在の孫にとって「穴凪な物」と「猫ちゃん」は格別な誘因力を持つに至っていて、たんなる探求心や好奇心の対象の域を超えて、それを見ると手が引きつけられ身体が誘導されてしまうのでしょう。魅入られるのです。「妖しさ」とは（「探求心」＋「魅入られ」）によって成立するものなのです。

*どんぐりまなこ

どんぐりまなこ、という言葉があります。誰が作った言葉か知りませんが、普通の大人に対してはあんまり使われないでしょう。使うときがあったらたいていほめ言葉です。「うちの課長ってきつい人じゃない？　でも、この前ね、雑誌広げて、どんぐりまなこだったのよ。のぞいてみたら子猫の写真だった、かわいい」なんて。インターネットで「となりのトトロ」で検索しますとイラストの写真集が出てきます。その中に、サツキとメイがまさしくドングリを手にして「どんぐりまなこ」になっているものがあります。感動ですね。どんぐりまなこ、これが子どもの世界の妖しさの本質です。

電車の中などで赤ん坊を見かけて、じいっとのぞいてやると、こちらが笑顔でも微妙な顔つきになり、すぐさまお母さんの陰に隠れようとするのですが、しばらくするとのぞいてきます。目があってにっと笑いかけると、またすぐに隠れます。不気味なモノにであった恐怖感にあふれていきます。なのに、すぐにまた顔を出してきてじっと見つめ返してきます。手はしっかりとお母さんの膝あたりを握りしめて……すぐさま隠れてまた振り返ってきます。

愉快です。そんなに恐いのなら見返さなければいいのにと思うのですが、必ず見返してきます。そうなるとこちらも「礼儀として」じっと見つめ返してあげます。で、また泣かんばかりの恐怖顔で隠れるのです。

まさに魅入られているわけで、彼・彼女にとって当方は目をそらすこともできない〈妖しい〉人になっているのでしょう。

面白いのは、こういうとき大興奮的な歓喜を呼ぶ場合もあることです。

あるときやっぱり電車（長いシートで向き合いになる通勤電車）で対面の席に一〇ヵ月～一歳くらいの赤ん坊がお母さんの膝の上に座り、背中をこちらに向ける形で座っていました。お母さんは両手を回した手で買い物袋をもってその間に赤ん坊をおいて座っていたのです。ふとしたときに赤ん坊が振り向いて私と目が合いました。お愛想で顔つきだけで「ばあ」をしてやると、きゃっと顔をお母さんの胸側に戻しましたが、すぐに振り返って見返してきます。で、こちらも顔つきを微妙に変えて無言の「ばあ」。きゃっきゃと身体を揺らして笑います。で、すぐさまお母さんの胸に顔をうずめて、また見返してきて「ばあ」にぎゃはははっと大騒ぎの大笑い。四回目ほどで事件になりました。

あまりにも急に身体を大きく揺すって笑い出したために買い物袋がお母さんの手から離れてどさっと床に落ち、中からいくつものリンゴが飛び出してきてあちこちにゴロゴロと転がっていって、車中が大騒動になりました。

もう、謝罪どころの騒ぎではなく、あわててリンゴ拾いにかかりつつ土下座せんばかりに謝っている私を尻目に、同席していた娘（中学生でした）は知らん顔して離れていき、後日「もう、お父

さんとは絶対一緒に出かけたくない！」と引きつったような顔で言われました。（彼女は働く母の一人となり、今ではほぼ私と同じような振る舞いをする普通の大人になっていますが……）

大人の香り

ある一歳児の担任が、同僚に子どもたちを任せつつ、保育室の床を陣取って子どもたちの生活用品（おもちゃを入れるダンボール製の箱など）を作っていました。ちょっと夢中になり、ふと目を上げると目の前に子どもたちがずらっと並んでじっとこちらを見ていたそうです。（ちょっとあわてますね）

今度は一、二歳児混合クラスの話ですが、担任二人とも絵本の読み聞かせが大好きな人で、ある日もお昼寝前、さあ今日はどれにしようかな？　と本棚の前で腕を組んで考えていて、ふと振り向くと、子どもたちが後ろにずらっと並んでいて、みんながおんなじように腕を組んで「どれにしようかな?」という顔で見ていた、という。（お笑いです）

子どもは身近にいる大人の振る舞い、その仕草に強い関心を抱くものだと言われてきてはいますが、その魅力度は想像以上のようです。ですから園でも家庭でも大人が使っている日常用品には格別の関心を抱くというより、そういうものが「浮き上がって」見えてくるのでしょう。鍋やコンロなどの台所用品はもちろん自動車やパソコン、スマホ、テレビのリモコン、……いかにも魅力的です。手にしただけでそこから大人の香りが漂ってくるように思えるのではないでしょうか。いわゆるなぞり行動（大人が使う日常品を用いての模倣）はこの香りに惹かれてのことなのでしょう。しかし、なぞりはまだまだふり遊びやごっこ遊びとは呼ばれません。

一歳二、三ヵ月児がパソコンのマウスを手にそれを耳に当ててうなずいているかのような振る舞いをしている様子は、何に由来する行為であるかは明白ですが、「僕は今このマウスをスマホ（あるいは携帯）に見立てているんだよ。お父さんみたいに」と自覚してやっているものとは思えません。かの有名なスイスの心理学者ピアジェ（1945）もこういう行為が本当に「表現的」なものになっているかどうかについて注意深い態度をとっていました。描画研究者の田中義和さん（2011）も一～二歳の子どもたちのなぐりがきへの命名について「かみなり」とか「おいも」「おばけ」などのおしゃべり（大人とのあるいは友だちとの）を楽しんでいる面が強く、表現的な意味の自覚性にはまだまだの、その途上にあるものと理解すべきであろうと指摘されています。

しかし、やがて（二～三歳）子どもたちはその表現性の自覚へと進んでいきます。田中義和さん（1997）の観察を例にとってみましょう。

ある二歳九ヵ月児は常日頃食べ物の絵を描くのが好きでよく描いていたのですが、ある日も紙に○を描いて「ラーメン」などと言っている。ついでその中に縦になぐり描きして「ほうれん草」と言い、「かまぼこ」と言いながら小さい○も描く。つづいて「キザミネギ」を描く段になって、「切ってくる」と言って立ち上がりました。そしていつもままごとをするときと同じように隣の部屋に行って「キザミネギ、トントントン……」と身振りを添えながら帰ってきて、ラーメンの絵の上で「はい、おまちどうさま」と手で入れる真似をする。その後も絵を描くこととごっこの仕草が入り交じった活動が続いた、といいます。

描画とごっこが入り交じっているところにリアリティがあると思います。

次はもう随分前になりますが園にお迎えに行ったときの私の息子の例です。

こいつ、お兄ちゃんやねんな。
おでかけすんねんな。
はい、はい、はい、ここ入ってくださいぃー
戸、開けはんねんな。
ゴツン、こいつ、弟とな、けんかしてん

（カシャ、カシャ……大きな虫と小さい虫をぶつけ合う）

四歳児たちがカブト虫の飼育箱に手を入れてごっこをしていた場面です。

先ほどのラーメンごっこもそうですが、こういうのは明らかにごっこであり、表現性があると思われるのですが、こういう遊びの子どもにとっての魅力って、一体何なのでしょうか？

一般に俳優たちの演技論がそうであるように、こういう振る舞いの魅力の本体は奥が深すぎてその全容に迫ることなど到底無理なことですが、一端に触れてみたいと思います。

ごっこの背景基盤

京都府立大学の服部敬子さん（2015）の娘さんの記録です。

（三歳児クフスの娘ｋｙｏちゃん、一〇月頃―著者注）朝、敷き布団のマットの上で、二枚の間の隙間を飛び越えようとする姿勢になり、「あ、こんなところに川があるぞ〜。なあなあ、『この橋から落ちないように行ってください』って言って」と母に要求。その隙間に積木が落ちているのを見つけて「あ！　ワニだ！」と言って母を見たが、母は（妹の）Ｙｕｋｉのウンチを替え中だったので「ワニ？」と普通の声で聞き返すと、「なんだ、積木やん」。

夏ごろ、いとこの家でおばと「プリキュアボウケンジャーお医者さんコンパごっこ」をしていた時に、お医者さんになったＫｙｏがガラガラを注射器代わりにしたので「Ｋｙｏちゃんそれガラガラやろ」というと、「いいの！　注射やし」と見事に反論したのですが、この時の「ワニ」は、母が「素」の表情で「ワニ？」と聞き返したとたんに「積木」に戻ってしまいました。やはり、ごっこって、「ノリ」が大事だなあ～と思った場面です。

「プリキュアボウケンジャーお医者さんコンパごっこ」が気になりますが、ま、それはさておき、相手のノリがなければ子どもだってごっこには入りにくいのです。では、ごっこのノリって何なんだろう？

しかし、まずそこに行く前に、神田英雄さん（2013）が紹介されている名古屋どんぐり保育園の川口真理子さんの実践から。

（二歳児クラスの秀明くん）子どもたちがカレーライスやら、ケーキやら、パンやらいろんなものを作っているとき、秀明くんに「おいしそうよ、食べる？」と声をかけると、「コレハ砂ナンダヨネ。タベレナインダヨネ」とガクッとくるようなことを言ったりしていました。ブロックのドーナツをおいしそうに食べていると「コレハブロックグヨネ。マネッコデタベテルンダヨネ」とわざわざいいにきたりすることもありました。

これについて、神田さんは、秀明君には何かを見立てる能力（象徴機能）は育っている。しかし遊びの態度がとれないと分析されています。秀明君は、「ちょっとしたことでトラブルが多く、友だちの持っているものを強引にとってしまったり、わけもなく友だちをたたいたりつき倒したりということが目立ち、保育者の働きかけにも自分の気持ちをストレートに出せない」、いわば自分とまわりの関係に緊張がはりめぐらされている子だった、という。

このような秀明君に、保育者は、ままごと遊びの中で秀明君を保育者の子どもにして遊びます。実践記録には……

秀明は川口（保育者）のひざにすぐすわりこむので「リョウヘイ」（保育者の子ども）になりました。そうなると、本人はすっかりおとなしいのです。……リョウヘイは甘えられるし、かわいがってもらえるし、みんなにもやさしくされるのでよかったようです。……その後しばらく秀明はリョウヘイになることが多かったです。

これに続けて、神田さんによると

こうして、秀明くんはあそびの中で緊張から解放されたのですが、その一ヵ月後くらいから、彼のあそびが大きく変わりはじめます。キューピーを相手にとてもやさしい手つきでトントン寝かせたり、だっこしてミルクを飲ませたりとあそびの世界が広がり、やがてみんなの中で役を宣言して遊ぶようにもなるのです。（pp.50-51より引用）

とあります。

安心できる気楽な気分

ごっこという遊びの魅力について、お母さんに対する憧れがあってそれを表現しているとか、運転手になるのは運転手への憧れがあってやっているのだと考えられています。その通りとも思うのですが、それだけではないようにも思うのです。

愉快な「リョウヘイ」ごっこによって緊張が解放されるきっかけを得られた秀明くんの事例が示しているように、ごっこは安心できる気楽な気分が背景にないとその気にはなれない遊びなのではないでしょうか。

昔、アメリカのコリン・ハット（1971）という心理学者が幼児を見知らぬ部屋（玩具などは置かれていません）に招き入れて、一人にして、隠しカメラで様子を撮影するという研究を行っています。それによると、子どもがまずとる行動は探索行動です。部屋のあちこちや置かれている玩具を調べるのです。そういう行動が一段落してからいろんな遊び（ごっこ風の遊びなども）を始めるのです。考えてみれば当たり前のことですが、初めての部屋に入っていきなりごっこが始まることはないでしょうし、見慣れない玩具があってもすぐさまごっこにはなりません。散歩で出かけた川原でいきなりごっこを始めたりもしないでしょう。はじめて出会った子たち同士でもいきなりは難しいと思います。ままごと系の素朴なごっこ（お店屋さん、電車ごっこ、おうちごっこなど）はドキドキおそるおそるの探検遊びや勝敗を競うルール遊びとは違って、見慣れた世界、安心できる仲間同士が成立の基盤です。

こういう遊びをするとき子どもたちが狭い押し入れの中とか、部屋の隅っことか、どこかそういう気分が落ち着きやすい場所を選ぼうとするのも同じような理由なのではないでしょうか。狭い場所に数人でごそごそと入り込んで、ニコニコし合って。まずはこういう気楽さが必要なのです。

しかし、それだけでは何だかつまんない。いつもの朝ご飯メニューもいいけれど、ちょっと何か、プラスアルファの何かが欲しい。基盤に気楽さと安心があるからこそ、そこにちょっと妖しい何かを求めたくなるのです。

たんに引き受けた役のイメージ通りにそれを表現しているだけではなく、時々、というかしばしばですが、子どもたちはそこに事件を持ち込もうとします。「大変だー、火事ですよー」「赤ちゃんが、病気よー」「海賊さんが結婚します」「怪獣だー、逃げろー」……

こういう場合、たいていは救急車のサイレンが聞こえてきていたとか、ウェディングベルの曲が流れていたとか、たまたまシートの上に毛虫が這っていたとかいう外的事情に触発されていることが多いですが、ごっこは事件を内包しやすい遊びなのです。気楽さを背景にして、そこを妖しい世界に変えようとする努力という面もあるのではないでしょうか。

ごっこは子どもたちが〈見慣れた身近な世界〉を〈妖しい世界〉に変えようとする努力なのかも？　とも思わせられます。

ごっこの妖しさ

事件性がごっこの妖しさの第一なのですが、ごっこにはそもそもからしてごっこに独特な妖しさが含まれているような気もします。

大学生とのゼミの中で、幼児期をふり返ってどういう遊びを覚えているかを話し合ったとき、ある学生がこう話した。「幼稚園のとき、ごっこ遊びをしてたけど、わざわざジャングルジムの上でお家ごっこをしたのを覚えている。ジャングルジムの上にいろいろ道具を持って

いって、落ちないようにして『ごはんを食べ』たり、『ゴメンください』などと下で言ってから登っていくのが妙におもしろかった」。

とたんに、私は長年ごっこ遊びのことを考えていてずっとモヤッとかかっていた霧が突然サーッと晴れていくような気持ちになった。「そーかー、ジャングルジムでな。そーかー、なるほど！」と大きな声を出してしまった。

場所がなくてしかたなくジャングルジムでしたわけではない。きっかけはわからない。下から登っていったときに上にいた子にたまたま「あらこんにちわ」などと言ったら「あらいらっしゃい」などと答えが返ってきたことからはじまったのかもしれない。とにかく外ならぬジャングルジムの上ですることがおもしろかったのである。上までいろんなものを持っていって落ちないようにしながら「ごはんを作る」のがおもしろかったのであろう。たぶん落としてしまったりする「失敗」自体も、おもしろかったことの一つであろう。「家」への出入りに苦労して登り降りすることもめんどくさいはずなのに、それもおもしろいことの一つだったであろう。そのお家ごっこはジャングルジムという現実の構造物と格闘することがあるからこそおもしろかったのである。

長い引用になりましたが、これは河崎道夫さん（2011）が「ごっこ遊びをおもしろく豊かに」というタイトルで『現代と保育』誌に連載されていたものの冒頭の文章です。副題は「現実世界との豊かなやりとりを土台に」となっています。この連載はごっこ遊び研究にとって決定的に重要な論点を提示したものです。河崎さんの言葉を借りると、ごっこ遊びは別名「想像遊び」とか「ファンタジー遊び」とかと呼ばれることもあるように「その想像的側面の特徴に視点を当てた呼び方である。だが、想像上の存在との会話のようなほとんど白日夢に近いような極端な状態を除けば、ごっこ遊びはみな現実世界との格闘的側面を持っていることは容易に分かることである。それなのに、この側面の豊かさや面白さはあまり重視されていない」、これまで多くの研究者たちは「この側面にはほとんど無頓着」であったのではないかと指摘されています。

河崎さんは議論を分かりやすくするために冒頭ではジャングルジムを取り上げているのですが、提起の真意は、以前の時代ならともかく、現代では子どもたちを取り巻く環境（特に自然環境）の貧困化が重大な局面を迎えており（安上がりな待機児解消策によって保育の室内化傾向もどんどん進んでいます）、そうであるからこそ、園内外に豊かな自然環境が存在し、それらとの多様な関わりが保育の日常の中に意図的に取り上げられていかなければならないことを指摘するためでした。そしてそのこととごっこの原理論とが結びついていることを指摘されているのです。

たとえば同じ基地ごっこでも、室内での人工的な諸事物を用いてのそれと、たとえば散歩などで森や公園などに出かけて、草や木や小動物などと触れあいながらの基地ごっこでは、たとえ想像面での中身が同じに見えたとしても、面白さの中身が違ってくるのではないか？　そういう提起であったのです。

自然環境の豊かさの重要性という論点について、ぜひ河崎さん（2015）の連載原稿そのものに目を通していただきたいとお伝えしたうえで、ここでは何かを何かに見立てるとか、何かになるということについて若干の補足をしておきたいと思います

＊第三の世界

私は、常々、ごっこという遊びは妖しい遊びだと思っていました。

前節で、一歳児のなぞり行動的な疑似ごっこ行動と、二、三歳児期以降の子どもたちの明らかにごっこ的な振る舞いの違いについて触れた際に、表現性の自覚があるかどうかであると述べました。しかし、これは正確ではありません。

たとえば先のジャングルジムの例で言えば、ジャングルジムの上を「おうち」に見立てている（そういう意味で表現性がある）というのが普通の理解ですが、もしもそういうことであれば、「おうち」に見立てるという見立て能力さえあれば、ジャングルジムだろうが、林の中であろうが、部屋の隅のテーブルの上だろうが、廊下の隅だろうが同じことになります。しかし、本当にそうでしょうか？

特に何もしていないときのジャングルジムは、まさしくジャングルジムです。他方、「おうち」は、これもまたどこでやろうがその気になれば「おうち」です。しかし、これが重なったらどうでしょう？

写真を例にとりましょう。森の木を写した写真、外国の砂漠を写した写真、あるいは女性のヌードを扱った写真などで、カメラマンの技術に驚いてしまうことがあります。木々の葉の間からこぼれ落ちる朝日の日差しの中に立つ木、夕焼けのような光の加減を考慮に入れて陰影鮮やかに浮きあがる赤い砂漠の地平線、水のせせらぎがもたらす反射光の中にぼんやりとしかみえない裸身、どれもが不思議な美しさをもって写っていることがあります。印象派と呼ばれる人たちの美意識の流れを汲むものなのでしょうけれど、その美は被写体と光の重なりによって生み出されているのです。それは融合の美です。例えがよいかどうか分かりませんが、ごっこにもこういう面が含まれているのではないでしょうか。

ジャングルジムでも「おうち」でもなく、これが重なった〈ジャングルジムおうち〉。棒でも「馬」でもなく〈棒馬〉、かおりちゃんでも「お母さん」でもない〈かおりお母さん〉、我々普通の大人にはなかなか実感しにくいものですが、これは、ごっこ中の、その最中にいる子どもたちにとっては唯一無比の特殊世界なのではないでしょうか。重なり合ってそこに第三の世界が創り出されているのです。その妖しい魅力はやっている本人にしか分からないものなのかもしれません。そうでなかったら、

カブトムシ同士をぶつけながら、

はい、はい、はい、ここ入ってくださいぃー

戸、開けはんねんな。

ゴツン、こいつ、弟とな、けんかしてん……（カシャ、カシャ）

なんていう遊びのどこが面白いのでしょう？　こんな振る舞いにどうしてあんなに夢中になれるのでしょう？

＊ごっこ＝融合説

ちょっと突飛な例ですが、旭川の男性保育者・谷地元雄一さん（2000）の著書『これが絵本の底ぢから』の中におもしろい話が紹介されています。

「脚光を浴びたのが、『ぼくはイスです』という絵本です。この本は、いつも腰かけられてばかりいるイスくんが、逆にいろんなものに腰かけてみようと自分の足で旅に出るというおかしな話で、まず机に腰かけ、外に出て木や石、川や山にとどんどん腰かけていきます。これを読んでやると、子どもたちはギャハハと大喜びでした。

とくにこの本が好きなある四歳の男の子は、ままごとでお母さん役の子が人形の子どもを寝かしつけるように、保育室にある自分のイスをわざわざ広いところに運び出し、バスタオルをかけて寝かせる、というとっぴな行動に出ました。するとこれがほかの子たちにも広まり、自分のひざの上に自分のイスを腰かけさせている子や、イスに向かって「きのうはどこに行って何に腰かけたの？」などとお母さんのような口調でやさしく語りかける子が続出、〝イスくん〟

――は、すっかり人気者になったのでした。

イスは椅子であってすでに椅子ではありません。〈イスくんイス〉になっています。場面の気楽さを背景にして、子どもたちはリアルな現実認識と融合世界の間を揺れ動いていっているのです。そうだからこそごっこは科学性と文学性の交差点に立った遊び足りうるのではないでしょうか。そしてその融合世界の魅力はどういう場所で誰と一緒に何を用いてやっているかという実際的なリアリティに完璧に依拠しているのです。ジャングルジムのおうちの面白さはジャングルジムだからこそであり、他の場所でのおうちとは別世界のはずです。過去のふり遊び論やごっこ遊び論はこのことを軽視しすぎてきたのではないか、河崎さんの提起の真意はこういう原理論に基づくものだったのであろうと思います。

とは言っても、一口にごっこと言ってもその中身は実に多様です。ごっこ＝融合説に基づくとこの多様性から目をそらせなくなります。

ごっこの多様性

生活発表会の劇のようなイベント性の強い大規模ごっこから二～三人、三～四人でのおままごと風のごっこまで、一口にごっこと言っても内容は実に多様です。お店屋さんごっこもそうでしょう。

たとえばお店やさんごっこ。幼児がやる場合、通常は四～五人くらいで空いた時間にやるものです。テーブル出して、お皿を並べ、砂で作ったプリンだのカレーライスだの、あるいはごちゃごちゃ何でも並べて「いらっしゃい、いらっしゃい、電気屋さんでーす」「お味噌汁ください」「ハーイ」なんちゃって。

こういうのと、「○月○日、幼児グループさんでお店やさんごっこを計画します」などと大がかりに行事的にやる場合ではずいぶん違います。こちらは遊びとはいってもイベントです。何日も前から商品の製作に取り掛かるでしょう。「お店」に並ぶ商品もいいかげんなものでは許されません。トマトもキュウリも念入りに作ってそれらしい形と色になるように工夫します。ある園では自動販売機が登場したそうです。大きな段ボールの中に主任の保育者が入って、子どもがボタンを押すと、中から「何でしょうか?」。子どもたち「色紙ください」「はい、一〇円です」、紙切れの紙幣を穴から入れると、下のほうから色紙の束がどさんと落ちてくる……（中略）

別の園では二歳児たちが保育者に連れられて「買物」に行きました。五歳児クラスがやっている「お店」で「スイカ」を買ったのですが、それをみんなでよいしょ、よいしょと自分たちの部屋まで運び、包みを広げます。新聞紙を丸めて大きくして外側に緑色の色紙を張り付け、それらしく茎も模様もついています。二歳児たちが中身を出そうと紙をめくってもめくっても中身（スイカ）が出てきません。ついには何人かが落胆して泣きだしたそうです（加用　1994より引用）。

スイカは妖しいだけだったみたいです（笑い）。

規模という点からすると、第2章で紹介した「カイコのお父さん、お母さん」や「最新3Dテレビ」などはクラス全体の取り組みですが、お店屋さんごっこなどとはちょっと違っています。全体的にはごっこ風ですが、もっとリアルな取り組みと言うべきでしょう。カイコは実物ですし、朝の会も本物なのですから。うどん作ったり餃子作ったりピザや焼きそば作ったりなどのクッキング保育になるとさらにリアルになってごっこを飛び越えていきます。実際においしいものを作って食べるわけですから。

規模やリアル性という観点とはまた別にごっこの種類を考えることもできます。

＊学生たちの経験談：その1（二〇一四年度卒業生Hさん）

昔のホームビデオを見ていたら、三〜四歳頃の私と父がキッチンの床に座っておままごとごっこしている姿があった。たぶん私がお店の人で、父がお客さんである。そばには大きめの缶（粉ミルク缶？）に、当時はまっていた大きめのピースのパズルがぐちゃぐちゃに混ぜて入れてあった。父「ご飯をください」、加奈子「うーん、ご飯はねえ、今ないんですよー」、父「何ならありますか？」、加奈子「おこみやきとかですかねえ」、父「じゃあ、それをください」、加奈子「はいっ、おこみやきです！」。

何がおかしかったと言えば、そんなに色々ピースをそろえているクセにご飯は無いんかい！という部分と、お好み焼きのことを「おこみやき」と堂々と言っていることである。

同じ頃住んでいたマンションの畳の部屋で、父と一緒にロープで輪っかをつくり、私が車掌になって、それはもう、ルンルンで歌っていた。『運転手はき・み・だ♪、車掌はぼ・く・だ♪』。歌いながら部屋中をぐるぐるしていたと思ったら、次の瞬間、前にいた小さな私が前のめりに突然ぺしゃっと倒れ、二秒ほど全員が固まった後、「ヴワァァア」と私が泣き出し、ビデオを撮っていた母のもとに手を伸ばしながら近づいてきた。その顔を見ると唇の上の部分が畳ですれてかわいそうなことになっていた。とくに変なこともないが、テンションの落差と「そんなことでケガするんか」と思ってしまった。

なりゆきはともかく、いわゆる典型的なごっこでしょう。次はちょっと違っています。

＊経験談：その２（現在は京都市の保育士として活躍しているYさん）

私がよく子どものころにした遊びは、「ごっこ遊び」である。兄弟が三人いたため、しょっちゅう家の中や、家の前で「ごっこ遊び」をしていた。そのなかでも少し特殊で、一番印象に残っているのは「お馬さんごっこ」である。家の近所に淀の競馬場があるため、よく馬を見に行ったりしていてすごく馬が身近に感じられたこともあり、この遊びが生まれたのだと思う。遊んでいた年齢的には、ハッキリとは覚えていないが、幼稚園時代に最もピークで、小学校に入るくらいの年までやっていた。これはじゅうたんの敷いた広いリビング的な部屋や、布団を敷きつめた寝室などでよくやっていたのだが、この遊びには父が加わる。父の存在が非常に重要な遊びなのである。どのようなものかというと、父に四つん這いになってもらいその上に兄弟三人がまたがり、馬のように歩いてもらう、といった内容だ。「パッカパッカ」などと言い父が部屋の中を歩き回るのだが、父が途中で「ガクッ」と片方の肘を曲げるので、上に乗っていると落ちそうになるのである。私たち兄弟は落ちまいと必死に父の背中に捕まる。落ちたら負けで、全員が落ちるまで待っていないといけないので、誰が最後まで残れるかをよく競っていた。また「ヒヒーン」と言いながら手を床から離し上半身を起こしてくることもある。これはほぼ一〇〇%落ちてしまう。しかし乗っている背中の位置によっては、他の子が落ちたおかげで助かる、ということもあるので背中に乗る順番も毎回じゃんけんをして決めていた。なぜかこれだけのことが本当に楽しくて、何度も何度も「もう一回っ‼」と言っては、やってもらっていた。終わるタイミングは、父の疲れが限界にきたときか、または母の「もうおしまい」の一言で決まるのであって、それまではひたすら繰り返しやってもらっていた。

これも確かにごっこには違いないでしょうが、いわゆるままごと風のごっことは違うと言うべきでしょう。第3章で紹介した公園で「怪しいサングラスの男」に追いかけられる遊びに近いのではないでしょうか。リアルなしがみつき、リアルな追いかけ合いに面白さの中心軸が置かれています。

＊経験談：その3

保育園の三歳児クラス。バイトの男子学生が言うこと聞かないある男の子を抱き上げて、「地獄の釜に入れてやる」と園庭に出て隅っこのほうに連れて行く。途中から子どもが怖がりだしたので降ろしてやったが泣き出してしまった。次の週、会うとその子「地獄の釜ってどこにあるか知ってるか？」と聞いてくるので先日の場所を指さすと、子「ちがうわ、そことちゃうわ、地獄の釜はなあ、もっと大きいんやで、そいでなあ……」と地獄の釜についてうんちくを披露し始める。親にでも聞いたのか、『じごくのそうべえ』を思い出したのか。とにかく、学生に対して地獄の話題で優位に立とうとしているらしいことだけは確かだったという。

これは「その2」に近いように見えますが、プライドをかけた真実追究性という点から見て節分のオニの登場とかサンタクロースの実践などの遊びに近いものではないでしょうか。

一口にごっこと言っても面白さの中身は実に多様なのです。それぞれなりに融合の次元が違っているのです。

散歩：妖しい世界との出会い

鬼だー

ある園の節分の鬼の取り組みで、公園に鬼が出るという設定で、こっそり変装した園長とフリーの保育者が一〇〇人近い子たちの前にさっと姿を現しました。「わー」と大騒ぎになって、びっくりしてめったやたらと豆を投げまくる子、「いたぞー」と叫んで追いかけていく子、「すごい大きい口やったなあ」と話し合っている子。しかし、あまりにも逃げ足が早かったのでせっかくの姿を見られなかった子も多くいました。ところが、やっと逃げのびてほっと安心し、木の陰で鬼の面を脱いでいた園長の姿をのぞいていた子がいたのです。その子いわく「鬼が顔の皮をぬいどった」。

これを聞いて保育者たちは内心「しまった」と思ったのでしたが、その子が続けて「下にも顔があって人間みたいな色しとった」と真顔で言うに及んで、みんなして大笑いしたそうです。その子は、鬼は顔の皮を何枚も持っているらしいと推理しただけだったのです。

「妖しさ」はたんなる好奇心や探求心を越えた面を持っていますので、認知的には、ときに実に奇妙な結論を引き出してしまう場合もあるわけですが、そばにいる大人たちを素朴に感動させます。結論はどうあれ、そこに子どもの精神の躍動を見ることができるからです。

奈良女子大学の麻生武さん（1996）が紹介している学生の体験談に次のようなものがあります。

幼稚園の時、サンタクロースに会ったことがある。クリスマス会でそりに乗って鈴を鳴らしてやって来て、大きな白い袋から一人ひとりにプレゼントを渡してくれた。中身は私が以前にお願いしたものではなくて、みんな同じ小さなマリア様の像だった。サンタクロースは真っ白い髭に赤い洋服を着て、黒いブーツをはいていたが、眼鏡をかけていた。誰かが「園長先生だー！」と叫んだことで、みんな騒然となってしまい、そこで「園長先生＝サンタクロース」になってしまった。つまり、「うちの園長先生こそが本物のサンタクロースなのだ」ということになってしまったのである。私たちは、家に帰って得意になって妹や両親に自慢した。両親は苦笑いをしていたように思う。

あるときこの話を私が授業で紹介すると同じような体験をしたと話してくれた学生がいました。その子はクリスマスの朝方お父さんが子ども部屋にプレゼントを置きに来たところを見てしまって、サンタクロースの正体を知ってしまったわけですが、その結果、うちのお父さんこそがあの有名なサンタクロースなのだと思い込んだという。笑える感動話ですね。妖しさは、ときに怪しげな

結論を導くこともあるわけですが、そこに子どもの精神の躍動があることだけは確かでしょう。

ズボンおばけ？（三歳）

ある日、京都のある園の三歳児クラスが市内中央にある京都御所内の公園に遠足に出かけたとき、それに筆者（加用）が随行したときのことです。あれこれと遊んでからお弁当をみんなで食べて、その後。

筆者が暇げに三、四人の元気のありそうな男の子たちに「おい、探検に行こうか。あっちだー」と公園の隅の林の中に誘い込みました。別になんの予定もなく始めたことで、出かけた先で「うわー」とでも叫べば何とかなるだろう、くらいの見通しでした。あとをぞろぞろついてくる子が増えて、女の子たちも加わって十人近くで薄暗い林の中を歩いていると、ある木の根元のところに、なんと奇妙な物が……

それは誰かが脱ぎ捨てたらしいズボンでした。薄汚れたズボン。それもかなり大きい。一八〇センチ以上ありそうな人のものです。（後で担任の男性保育者射場博巳さんいわく「どっかの変質者が脱ぎ捨てたもんとちゃうか？」などと言っておりました）

「これだ！」というひらめきで、筆者がそれを持ち上げて、子どもたちのほうに向けると、みんなぎょっとして後ずさる。まるでズボンが一人で立ち上がったみたいに見えた（筆者の姿はほとんど隠れてしまって）のでしょう。筆者「ズボンオバケだぞー」と追いかけ始めました。もう、大変な騒ぎになってしまいました。

子どもたちは驚愕で顔を引きつらせて逃げる。なかには途中で転んだ子もいましたが、そのままにして、逃げる他の子たちを「わー」とばかりに追いかけました。

子どもたちは、もう、必死です。逃げて、逃げて、やっと公園の広場までたどり着くと、そこは真昼です。安心できる人間の世界に戻ったわけです。それでも私の追撃はやまず、逃げる子たちをがんがん追いかける。びっくりして寄ってきた他の子たちも加わって、わー、わー、きゃー、ぎゃーの追いかけっこになってきました。

あっち走り、こっち走り、まるで鬼の面をつけた鬼に追いかけられる鬼ごっこです。

（あとで担任の射場さんによると「加用さん、気づいとったか？　あんときな、ブランコのところにいた親子連れ、数人いたけど、びっくりしおってな、あわてて自分の子どもを抱え込んどったで。てっきり、ほんもんの変質者が現れた思ったんやろ」……しばらく茫然として光景をながめていたとか。あわてて射場さんが駆け寄り、「ちゃうねん、ちゃうねん、大丈夫やねん。ちょっと子どもと遊んでるだけやねん」。これ言い訳に努めたらしい）

他方、三歳児たちには大受けで、逃げつつも、中には私からズボンを奪い取ろうとする子もいて、渡してやると受け取るのですが、「ぎゃー」とか叫んですぐに捨ててしまいます。次の子が拾いに来て、またすぐに捨ててしまう。興味津々ですが、自分がそれを持って、他の子を追いかけることはできないようでした。

この遠足の帰り道が愉快でした。歩きながら、子どもたちもそのときの興奮が忘れられないようすなのです。それを横目に射場さんと笑いながら話しているうちに、二人ともあのズボンを公園に置いてきたことがなんとももったいないと思いだし、余ったゴミ用のブルーのビニール袋（遠足では保育士は必ず携帯している）をもって、筆者だけが引き返して取りに戻ったのでした。

何しろ、どこの誰がはいたとも分からない薄汚れたズボンだったので、帰ってから他の職員たちから「あんたら、なんちゅう物を持って帰ったんや！」と困惑されていましたが、そのズボンはこっそりと後日のために保育室の脇の物置部屋にかくまわれることになりました。

その日の午後の保育時間に子どもたちは絵を描きました。ほとんどの子たちが画用紙の真ん中にどーんとズボンの絵を描いていました（保護者が見たら何と言うでしょう?）。

一人だけですが虫に刺されたところを上手に描いた子もいました。この子は公園で突然泣き出して、指が痛いと言い出した子でした。木の枝でも刺さったのかと思っていると、本人いわく「ちゃう！　虫！」と言い張る。そしてまた大泣きしていました。この子はズボンオバケどころではなかったようです。最大の関心事が絵になったわけです。他の子たちにとってはズボンが関心事であったようです。事情を知らない大人が絵を見てもなんのことかちんぷんかんぷんでしょう。

しかし、ズボンオバケに対する子どもたちの反応は実に多様でした。次週に筆者が園に行くとわーわーと子どもたちが寄ってきていろんな関わり方をしてくれました。先の描画活動を〈その

Ⅰ〉とすると、

〈そのⅡ〉

筆者に向かって笑いながら「わっ、ズボンオバケやー」と言ってくるので「わぉー」とつかみかかるように応えてやると「ぎゃー」と喜んで逃げていきます。キックも仕返してきます。これは筆者を鬼ごっこの鬼役のように扱っているわけですから、筆者＝ズボンオバケ鬼ごっこの鬼でしょう。

〈そのⅢ〉

遠巻きに筆者の様子をじぃっとうかがっていて、近づくと、表情を固くしてすり抜けていく。これは筆者を不気味な対象のように見なしているわけですから、筆者＝真性ズボンオバケ？　でしょう。

〈そのⅣ〉

穏やかな表情で近寄ってきて「ズボンオバケやー」と筆者のはいているズボンをいじり回すので「今日のはちゃうねん、ほら、これ半ズボンやろ？」と言うとポケットをのぞいたり、あれこれ筆者のズボンを探索する。これは筆者そのものというよりもズボンを対象としていますから、筆者のズボン＝ズボンオバケ？　でしょう。

〈そのⅤ〉

遊んでいる最中に、筆者に何か言い返したくなると「ズボンオバケのくせにー」と言い返す。これはズボンオバケを持ち出す事で筆者を攻撃できるという判断にもとづく行動なので、筆者の弱点

＝ズボンオバケでしょう。

〈**その**Ⅵ〉

その後、保育者が悪ノリして一ヵ月後の遠足では、場所が全然関係ない京大裏の吉田山だったのに、登っていく山道の途中の木の枝、普通の大人の背よりはるかに高いところに、なぜかあの薄汚れたズボンがぶらぶらとぶら下がっていて、担任が「うわー、ここにもズボンのオバケがいたでー」と叫んだりして……その余波であろう。

筆者が次の週に園に行くと「あんな、あんな、吉田山な、ズボンオバケいたんやでー、手紙も来た！」と言ってくる。日常保育の重要なキャラクターになっている。これは、ズボンオバケ＝吉田山のオバケの一人として探検の対象です。

怖がりで有名なMちゃんは、ある日の夕方、暗くなってもまだお迎えが来ないとき、なんとなく不安なのでしょうか、筆者の手を握って園のあちこちを歩き回り、事務室の入り口で「怖い、しめて」と言う。筆者「なんで？」、Mちゃん「ズボンオバケがくる」と言う。そして、こんどはお迎え口のドアのほうを指さして「あっちも閉めよう」と言う。筆者「でも、あれ閉めたら、お母さんお迎えにこられへんで」と言うと、そうかと納得。これもすでに対象が筆者から分離していますので、〈**その**Ⅵ〉の一例と見なされます。

〈**その**Ⅶ〉

このズボンオバケはその後も実に長く生きながらえていて、四歳児クラスになっても〈Ⅱ〉〈Ⅴ〉

〈Ⅵ〉はまだ残っていました（〈Ⅲ〉〈Ⅳ〉は消失）。四歳児クラスになってからの遠足で吉田山に行ったときやはりズボンオバケは登場して（担任の設定）、山の上の木の枝に例のズボン（このときはズボンは洗濯された清潔なものになっていましたが）がかかっていてゆらゆら揺れていました。ついでに近くに手紙と「ザリガニ釣りの竿」のプレゼント二二人分が置かれていました。子どもたち一人一人に竿が手渡されました。その後、お弁当を食べてから、山の上でズボンオバケ鬼ごっこになったのですが、子どもが自らズボンを持って、他の子を追いかけて楽しんでいました。ズボンを持つ役を交代して鬼ごっこをするのです。これは三歳児クラスの時点では見られない姿でした。これは、ズボンオバケ＝鬼ごっこの鬼です。

（後日談）

年長五歳児クラスになり卒園が近づいた頃、卒園式の準備に当たっていた保護者の方から筆者に連絡があり、「この子たちは三歳の頃からずうっとズボンオバケのお世話になっていたみたいですから、卒園式当日にズボンオバケからの手紙がほしいのですが……」という依頼があり、子どもたちあてに平仮名文字での手紙を書いて大判の封筒に入れて手渡しました。これの読み上げが卒園式のハイライトの一つになったようです。「きりんぐみのみんなへ。そつえんおめでとう、ずぼんおばけです。ずうっといっしょにあそんでくれてありがとう。みんなもうすぐしょうがくせいになるんだね。しょうがっこうにはいったらまたたのしいことがいっぱいあるだろうけれど……（省略）

……ぼくのこともわすれないでね」（加用　2010a　概要）

このズボンおばけ騒動は三年間も続くことになったのですが、最大の要因は担任の保育者たちの悪ノリであったとしても、もう一つには、騒動の影響がざっとみただけでも七種類にもわたるものでしたので、子どもたちが色々な形で、多様な形態の遊びとして受け取ることができたことが挙げられるのではないかと思います。妖しい経験の余波は多岐に渡りやすい。その多様性を担任の保育者たちがうまくとりあげて、あっちに転ばせたり、こっちに転んだりしながら、そのときそのときの保育の流れに合わせて、上手に末永く流れていったという点に秘密がありそうです。

普通の人も妖しい（二歳）

「『楽しい毎日』にするには、常に『何かおもしろいことを見つけよう』という気持ちがあるかないかだと思います。その気持ち次第で、どうにでもなるものなのです。」という出だしで始まる東京の安曇さんたち（2014）の実践も愉快です。

（二歳児クラスの子どもだちと散歩にでかけた時のことです。——著者注）

散歩の道すがら、家の解体工事でシャベルカー、ダンプカーがフル回転しているところに出くわしました。働く車が大好きな子どもたち、さっそく「シャベルカーがんばれー！」と声援をあげ、「ダンプカー」のうたまで歌いはじめました。

そして、公園でひと遊びしての帰る道々も「またシャベルカーいるかなー？」「シャベルカーのご飯はなにかなー？」「ゴミだよねー」（家の解体屑？）「じゃあ、聞いてみようね」、そんな話が出ていました。ちょうど工事現場は休憩時間中。シャベルカーの中におじさんが一人、そのわきでおにいさんが一人休んでいました。それを見るなりシオリちゃん、おじさんに向かって「シャベルカーのご飯、なんですか？」と聞いたものですから、おじさんはびっくり。「えー？　困ったなー」と言いつつも「軽油だよ」とこたえてくれました。とたんに子どもたち、「けいゆってなーに？」。

「お母さんが天ぷらジュウジュウするだろう、あれだよ」とおじさん。するとと、横のおにいさんが「えっ？　違うんじゃないの？」と聞き返し、「まあ、そんなものだよ」とまたおじさん。

その会話がおかしくて、まわりのおとなは大笑いです（そのころには、道行く人も立ち止まって聞いていたのです）。それで勢いがついたらしく、子どもたちは次々に質問しだしました。

ミホ「シャベルカーのおうちは、どこですか？」

おじさん「ねりま（練馬区）だよ」

ナオ「お父さん、お母さんはいますか?」
おじさん「いるよ。働いているんだ」
ダイスケ「シャベルカーの顔はどこですか?」
おじさん「ここだよ(自分の顔を指さす)」
おにいさん「かっこいい?」
ダイスケ「…か…かっこいい……」(シャベルカーの顔はそこじゃない、と思っている様子)
シオリ「どうやっておうちに帰るんですか」
おじさん「ダンプカーに乗るんだ」
シオリ「……?　おじさんが?」
おじさん「シャベルカーが乗るんだ」
みんな子「?」

シャベルカーを擬人化して考えている子どもたちと、ただの道具と考えているおじさんとの会話は、チグハグしていておかしいのですが、そこがまたおもしろいところ。そのうちダイスケくんが「大きくなったら、シャベルカーの人になります!」と宣言。するとおにいさん、「どうせ明日忘れちゃうんだろう」でまたまたまわりのおとなは大笑い。これで拍車がかかったのか、ミホちゃん、シオリちゃんまで「大きくなったらシャベルカーの人になります!」と言いだしました。「その考えは途中で絶対に変わりますね」と断言するおにいさんと、「よし!

大きくなったらおじさんの家に来い！」というおじさんとのやりとりがおかしくて、隣家の人が顔を出してニコニコと見ていたくらいでした。

帰り道の子どもたちは、いつもあこがれているシャベルカーのおじさんたちと話ができたことでとても満足そう。「これ、お母さんにおしえてあげるんだー」と言い合っていました。

記録では、それから二週間後に出かけたときに道端で散髪用マネキン人形が置かれていて、そのマネキン相手に子どもたちが会話し始めて、そのときに「シャベルカーのおじさんたち」との会話経験が生かされている様子が描かれています。詳細は原書をお薦めします。実践のシメ言葉は「このように、子どもと一緒にいると、思いもかけないハプニングがよくおきます。でもそれをきっかけに、楽しんでしまう……それが保育のおもしろさかなと思っています」とあります。

このおじさんたちは普通の人なので、決して「怪しい扮装をした正体不明人物」ではありませんが、妖しい人には違いないでしょう。保育のための豊かな地域資源の一つ（？）と見なしたいところです。

さて三歳、二歳ときましたので、次は四歳です。

忍者騒動（四歳）

　ある年の十二月五日の午前中。京都のある園の四歳児たちの散歩に随行して神社の裏のうっそうとした暗い山の中を歩いていたときのことです。途中、私が杖代わりに棒を拾って持っていると、子ども「加用さん、これで何すんの？」―私「うん、これか？　杖や、これでな……」に、別の子「オバケ出たらこれでたたくの？」―私「オバケはなあ、こんなんでたたかれても平気なんやで」―別の子「そうや。オバケ消えるんやで」―私「そうや。煙みたいに消えるからな。平気やで」―先の子「オバケ死んでも生きかえんねんで」などなど。オバケ論になる（後で、この会話が思わぬ方向に向かうことになろうとは……）。

　先のほうで、担任の山口さん「ああ、ここに足跡がある」と地面の変哲もないくぼみを指さして、子どもをその気（何の気か知らないが）にさせようとしている。何のこっちゃあいう感じで、近くの子どもたちがのぞき込んでいる。山口「これねえ、なんかの足跡やで。忍者かなあ」。刺激されて「忍者がとんだんや」とか「恐竜や」「おばけちゃう？」とか言う子もいるが、一時的なものので、さほどに乗ってはいない。

　しかし、まあ、山口さんの発言から担任としては何とかして「忍者」を出そうとしているらしいことを察したので、私も近くの子に「忍者って何するの？」と聞いてみる。子「強いの」―私「そうかあ。足も早いの？」―子「うん」―私「木に登るの？」―子「うん」という感じで、まだあまりイメージないみたい。言ったことに「うん、うん」言うだけ。

前のほうで、またまた山口さんが騒ぎだした。行ってみると、そこら中に鳥の羽が散らばっている。山口「何かが食べたんやで」に、子どもたち「オバケがたべたんや」などなど。山口「忍者かなあ」と、しゃにむに忍者をまた持ち出している。「忍者が捕まえたんや」とのる子もいる。でもそれ以上にならない。私も近づいてのぞき、どうにか面白い話につながらないかなあと見つめるが……何も浮かんでこず……

また進んで行くと、今度はツルがあって、私が登ってブランブランする。山口「わー、ターザンみたいやねえ。忍者が練習してるんとちがう？」などと言う。何が何でも忍者にしたいらしい（笑い）。さっそく乗りたがる男の子がひとり。乗せてやる。他の子たちもやりたがって、次々と、抱いて乗せてやる。

あれこれしているうちにお昼が近づいてきました。先のほうで、山口さんが帰り道のことで「道が分からない。どっちやろう」などと子どもに考えさせようとしている。と、途中に滝のある川が見えたので、私がそっちへ行こうとすると、山口「わー、加用さんが男気だして見てきてくれるって」などと言い出し、私、川（用水路）のほうをのぞきに行く。すると、近くにイチゴがあることに気づき、「イチゴだ」と叫ぶ。このあと、みんなして「忍者のイチゴ」をこっそりご馳走になる。これが今日一番のノリとなる。

＊さあ帰ろう

ちょっと坂道の細い道、左側は崖っぽくて落ちると川にはまりそうで少し怖い感じ。そこを保育者、わざわざ子どもたちを一人ずつにして一列で通らせる。「ほら、勇気だして」「勇気ある子だけが忍者になれるっていうてたやろ？」などと、またまた忍者を出している。もう、こうなるとゴリ押しである。かけ声みたいなもんだ。子どもたち、聞いているのかいないのか？

私は、列の一番後ろから、女の子たち二人を見ながら帰りかけたが、なんだかこのままでは面白さがいまいち、このまま帰ったんではあまりに芸がなさすぎるんじゃないか？　という気がして、

「うーん、何かないか？」。

少しずつ、歩調を遅くして、遅れる。みんな、どんどん行ってしまう。保育者も子どももお互いや自分のことしか気にかけていない風。坂の向こうに彼らの姿が後ろ姿のままで消えかけたとき、誰もこっちを見ていない。今だ！　という感じで、脇の川のほうの藪に下りて、見えない藪の中に姿を隠す。みんなが帰りかけて、はっと気づくと、「加用さんがいなくなっている」の図。

さあ、どうしよう。ちょっと脅かしてやるつもりで隠れはしたが、これからどないしよ。しばらく隠れているかと思いつつ、向こうの様子を窺っているが、まだ気づいていない風。ああ、山口さんにでもちょっと耳打ちくらいしておいたほうが良かったなあなどと考える。本気で心配し始めると困るしなあ。でも、いくらなんでも保育者は気づいて、本気にはしないだろう。……などと、藪の中で、腐った枯木など気にしつつ、思案にくれていると、向こうの声が聞こえてきて、わいわい

騒いでいる。「助けにいかなくっちゃだめだとか」「どうしたんだ？」とか、やってる、やってる。別の声も聞こえる。「加用さん、ほんとはオバケだったんじゃないか？　だから消えたんや」とか「狸が化けてたんや、そうや、加用さん、ほんとは狸だったんだ！」などという声。……が、そのうら、なんとみんなの声が遠のいていくのが分かる。なんだ？　けっきょくは放置されてしまったらしい。

＊後で聞いてみると……

加用さんがいない！　ということが分かって、子どもたちが探そうとし始めた。保育者は、（加用さんはきっとこのまま帰る気だろうと思いつつも、しばらくは状況把握ができず、ドキドキしていたけど）、子どもたちを集めて、「今日の加用さん、何かおかしくなかった？」「朝、急にあんな山の中に出てきて、あれ、ほんまに加用さんやったんか？」と言ってみた。

子どもたち「でも……加用さんの顔やった、忍者やったら刀さしてる、黒い服かて着てる」「でも変装うまいで」「タヌキやろうか?」「オバケだったんじゃないか?」と言い出して、真剣に怖くなってきたというか、変な感じになってきて、「帰ろう」と言ったとたん、「△□*○!」、何と言っているのか分からないけど声が聞こえ、一斉に「にげろ!」とみんな一目散に出口に向かって走り出した……ということだったそうな。

そういう事情はよく分からない私のほうは、意を決してせっかく隠れたのに、けっきょくはおいてきぼりをくったらしいことだけが分かって、「なんだか、馬鹿みたい」と独り言。

拍子抜けと、ほっとした気持ちが入り交じって、こうなったら、降りるしかないので降りて行く。坂道下って、とことこ歩いて、境内に向かう。だーれもいない。真昼の神社の庭というのは、妙に落ち着いていて、一人でいるとかえって不気味である。日差しも強い日だった。一人芝居か?馬鹿みたいだなあ?

と思いつつ歩いていると、なんと、向こうから子どもたちが血相を変えて、二人ずつ手をつないで走ってくる、くるわ、くるわ、境内入口の橋をわたって、ああ、みんなこっちにくる。ケンジが先頭だ。なんかの映画のシーンみたい。心配になって、やっぱり助けにいくべきだと決断したらしい。すごい! 感動! と同時に「やばい」と、私はおもむろに、とっさの判断でこれしかないっとばかりに手を頭に当ててうつむき、ふらふら歩きになり、とぼとぼと歩く。

わー、加用さんがいたあ、わーわー、大騒ぎ大騒ぎ。遅れた子もみんな来て、子どもたちだけで助けにきたらしい。「大丈夫？　どうしたの？」とまったくもって真剣な表情で、どやどやと子どもたちに囲まれる。我ながら、感動、感動、やったやったというよりなぜか感動。

ほんとに窮地に陥った自分を子どもたちが迷ったあげく断固決断して助けに帰ってきた！　そんな感じで感動。えらいこっちゃ！　いう感じ。

口々に「どうしたの？　どうしたの？」と聞く。ケンジ、どんぐりまなこの真剣な顔。私「あんな、加用さん、あそこにいたらな、後ろからガツーンて頭打たれてな、倒れててん。そいで、だーれも助けにきてくれないしな……でも、助けにきてくれてありがとう、ありがとう（ほんとの気持ち）」、痛そうに頭おさえて必死で言う。

一瞬、シーン。子「どこ、どこどこ？」と頭をのぞこうとする。私「ここ」と抑えたまま言う。「どこ、どこ？」と触りにくる。「ここ、ここ」と手で抑えたまま（子どもによく見えないように）、言う。子「ここ？」―私「ううん、違う、ここ、ここ」とかやっている。子「ほんまや、小さい血みたんなんがある。赤いのんがついてる」―私、ほんまかいなと思いつつも、そこまで思い入れして見てくれてありがとう、という気持ち。「ああ、痛い、痛い」と立ち上がり、歩いていく。みんなもついてくる。山口、吉川の保育者二人もやってくる。「打たれたんやって」「打たれたんやって」と伝わっている感じ。真っ先に駆けつけたケンジは、ずうっと私の側にいて、心配そうに付き添ってくれている。子「誰に打たれたの？」―私「わかんない」―子「ガツーンって打たれたの？」―私「うん」―子「誰に打たれたの？」―私「わかんない」。ケンジと勇気は、帰る道道、しばらくたつと、また同じことを何度も何度も聞いてくる。

私、痛そうに頭おさえながら、子どもたち全員に向かって、また「みんなが助けにきてくれて、ありがとう、ありがとう」と厳粛に言う。われながら自然と厳粛になるのがおかしい。子どもたちも、シーンとなって聞いている。

また、歩きながら、山口「帰ってこないし、どうしたんやろ？　って思ってたんだけど、子どもたちは、加用さんはほんとは狸だったんじゃないか、オバケだったんじゃないか、だから消えたんやとかって、はじめは言ってたんだけど……（ここで私、おもわず吹き出しそうになる。抑えて、抑えて）、私たちが、もう帰ろうって言ってるのに」―私「僕を見捨てようって、してたわけ？」―山口さん、大笑いしつつ「そうなの」。

山口「でも、子どもたちが、絶対、助けに行かなくっちゃだめだって言い出して、すごい本気なの」―私「（ちょっと茶めっけだして）狸の話は聞こえてたよ。ほんとに狸になろうかって考えてたんだけど」。大笑いの山口さん。私「でも、そうなると、もう園に行けなくなるなあって、そいで……」。山口さん笑う。などという会話。子どもたちと歩きながらの、頭越しでの大人の会話。四歳児だからであり、相手が五歳児クラスだったら絶対できない話。

またケンジが、「頭打たれたの？　誰に打たれたの？」を始め出し、「どこ？　どこ？」という話になり、三、四人が寄ってきて、また見せて、「ほんとだ、赤いの見えてる」「大丈夫？　痛い？」

「病院行ったほうがいいよ」「あんな、救急車呼ぶんやで」とか言う。―私「大丈夫、もうだいぶよくなったよ。みんなが助けにきてくれて、ほんとにありがとう」。

全体としては、子どもたちは非常に重く受け止めており、一大事件であったようだ。

その場での議論はさほどにには深まらなかったが、とにかくショックだけは与えたらしい。ケンジ「保育園帰ったら、みんなに言わなあかん」に、私「でも、このこと、帰ってから、ゆり組（年長）さんにはないしょにしといてや」―ええ？　とびっくりしたように「どうして？」と聞く。私「だって、心配するし」―ケンジ「たんぽぽさん（年少）は？」―私「ううん、やっぱりないしょにしといて、ふじ組さんだけの秘密にしといてや」―彼、ちょっと不満げに「でも、僕、お母さんには言うで」。

しかし、帰りつくや、さっきの約束なんぞ、どっかふっとんで、まず最初に行ったところは給食室、「大変だー、加用さんがぶたれたー」。もう保育園中に触れ回っている。もう大騒ぎ。年長ゆり組のソウタやユウタ、カナコやユミなどが血相を変えて飛んでくる。もう応対に大変。このあと加用氏は「頭が痛いから今日は帰る」と言って、すぐに園を去ったのであった。帰り際、山口さん「今日、忍者の導入しようって思ってたんだけど、もう、今日は、最高の導入やったわ。でも、あれ、ハプニングなんでしょ？」―私「ええ？　そっそっそ、そうね……」。

この後、忍者とヤマンバが入り乱れた奇想天外な推理・探検・冒険遊びが四歳児クラスの集団を大いに揺さぶっていったわけなのです。

ねえ、また捕まえていい？

『現代と保育』の八三号に熊本のやまなみこども園の佐伯さん（2012）がウシガエル騒動（年長五歳児）の記録を寄せています。園の近くの散歩先の江津湖で巨大なウシガエル（写真）を捕まえたしんたろう君と小さなカエルを捕まえたたいしろう君。深く考えなかった担任の指示で同じ水槽に入れてみんなで様子を見ながら「そっくりだし」「親子のウシガエルだねえ」などとしゃべっていたら、その瞬間にウシガエルが小カエルをぱくっと食べてしまいました。

「だめー」と叫んで泣くたいしろう君。園中の人が集まってきて大興奮。ある職員「たいしろう、残念だったね」、佐伯「たいしろう、ごめんね」と謝ってる中で、「（ウシガエル）ミミズも食べるかもしれん」と言い出す職員がいて、ミミズを入れてやり、みんなでじっと成り行きを見ていたら、口を開けてミミズを食べんとしたときに、さっき食べられたはずの小カエルが口から飛び出てきました。

ぎゃー、ぎゃーと大騒ぎとなるなかで、目を輝かしたのがたいしろう君。すぐさま水槽から小カエルを取りだして、だだーっと走って園庭の水道で洗ってやっているのです。「頬を寄せてやさしくなでています。ウシガエルに食べられて一度亡くなりかけた命を、たいしろうは本当に愛おしそうになでてて」いました。

この大事件の後、ウシガエルにはあまちゃんという名前がつけられて飼われることになったのですが、あまちゃんは何も食べなくなりました。ミミズもザリガニもダメ。日に日に弱っていきます。怖がっていた子どもたちも愛着が湧いてきて抱っこしたりしていますがウシガエルはやせていきました。やむなく、みんなで相談して元の湖に帰してやることになったのです。

湖に放すとウシガエルは元気にピローンと帰って行き、みんなでバイバイしましたが、その帰り道、ウシガエルを捕まえたしんたろう君が言いました。「ねえ、またウシガエル見つけたら捕まえていい？」。ウシガエルに魅入られて、その妖しさから逃れられていないしんたろう君でした。

さて、さて、突っ込みを入れたくなる論点はたくさんありますが、最後のしんたろう君の「ねえ、またウシガエル見つけたら捕まえていい？」に注目してください。ほんとに愉快だと思います。しかたなく返すことになったけど彼は忘れられないのです。この発言、忍者騒動でのケンジ君の、他のクラスにはないしょにしてほしいという私の頼みにしぶしぶ承諾しつつも「でも、僕、お母さんには言うで」と付け加えた発言にそっくりだと思うのです。一方は忍者騒動で他

方はウシガエル騒動で内容はぜんぜん違うのですが、このまま忘れ去ることなんかできなーいという部分はそっくりです。妖しさ（＝探求心＋魅入られ）にとらわれるということは、まさにこういうことなのでしょう。

孵化はすごい！

五〇数年前、私は海と山と川しかないような高知県のど田舎（当時）で子ども時代を送りました。ピアノなどというものがこの世にあることも知らず（学校や保育園には足踏みのオルガンのみ）、幼児期に絵本を見た記憶もまったくなく（紙芝居はありました）、ただひたすらに田んぼや山の中や川の魚相手に育ってきましたので、そういう場所にある自然物は動物も植物もたいがいのものを見聞きしてきているはずです。でも、ほとんど名前を知りません。それが食べられるものか食べられないものか、その場所は安全か危ないか（青大将は大丈夫でもウツボやマムシは危ない、みたいな）だけが知識の基準でした。記憶によれば虫の類にはほどんど興味がなかったように思います。関心があったのはハエとムカデとヒルとミミズとハチの子だけです。ハチの子は食べられたからです。ミミズは釣りの餌です。ハエやヒルやムカデはやっつける必要があったからです。蝉などはやかましいだけですし、カミキリムシやカブトムシなどどうでもよくて、蝶だってどうでもよかった。食えないし危なくもないものは覚える必要もなかったのです。アリやだんごの虫など見向きもしなかったように思います。

私はほんとに生物オンチなのです。大人になった頃でも、さすがにイルカを魚だと思っていたわけではありませんが、トラやヒョウは猫の類だけどライオンは犬系だろうと思っていたり、ペンギンが鳥類だと知ったのも随分後になってからです（テレビの教養番組でペンギンの子どもが鳥にやっつけられている場面を見て、「ほ乳類のくせに鳥なんぞに負けててどうすんだ！」と口走って、小学生だったうちの子どもたちを絶句させたこともあります。まあライオンやペンギンは実際に見たこと無かったので当然ですが。笑い）。そういう人間ですから、息子が幼児だった頃に蝉を捕まえることに夢中になっている姿を見て妙に感動しました。こいつは文化人だ。

京都・あらぐさ保育園の妹尾冴子さん（2015）が虫好きの二歳児たちの様子を個性豊かに描いています。ヤスデ好きのとう君の部分だけでも紹介してみましょう。

ほかの遊びの時はちょっと距離を置いているとうくんも虫探しはみんなと一緒にしています。とうくんのヤスデ好きを友だちもよく知っていて、ヤスデを見つけるたびに「とうの好きなヤスデちゃんや。とうー、こっちおいでー」と、とうくんにヤスデちゃんをプレゼントしています。とうくんもとってもうれしそう。とうくんは虫探しも上手で、プランターの下や木の

根元、草の影など虫が隠れていそうなところをよく探し、見つけています。

ある日、公園からそろそろ帰ろうと子どもたちに声をかけると、公園にあるプランターをひっくり返して虫を探しているとうくんの姿が!! 「ごめん! これ、ひっくり返したらあかんやつやねん」と声をかけると固まるとうくん。そして「まだ探したかった!! ヤスデちゃん!!」と号泣。「そうか、探したかったんやな。ここはひっくり返したらあかんところやし、ほかのところで探そうか」と言うと「うん」と納得してくれました。保育者と一緒にとうくんは公園に残り、ヤスデ探しをすることに。しばらくすると満面の笑みでたくさんのヤスデちゃんと一緒に保育園に帰ってきました。先に帰っていた友だちに「いっぱいや! すごいな!」と言われ、これまた嬉しそうにしていました。


文化人ですね。

ザリガニやカエルとともに虫たちは幼児たちが操るのに手頃な大きさですし、よく動きます。そして比較的短期間に変化し変態していくので興味をそそられやすいのでしょう。保育の中では絵本と並ぶ重要文化財です。

蝉が孵化した瞬間がどんなにすごいかをじっと目撃したのは保育園の子どもたちの蝉採りについていったときでした。公園の林の中で木にじっと張り付いている透明色の薄青色の蝉。というより、蝉の形をした青色の宝石かガラス細工を誰かが木に貼り付けているのかと思ったくらいです。

こういう色合いを保っているのはほんの数分間のことですぐに色が変わっていって我々がよく見る茶系色の蝉になっていってしまうわりですが、そんなことも知らなかったのです。大学の生物学の先生によると、孵化した瞬間は羽がまだ柔らかいのでそれをピンと張るために虫の血液に相当する体液を羽に注ぎ込むらしい。虫の体液は青色のピリン系なので短時間の間だけああいう色になるらしいです。アブラゼミでもミンミンゼミでもどの種類の蝉でも生じる現象らしいです。

「かいだんのところにようちゅうがいるのでふまないようにしてしたおよくみてきよつけてかいだんおのぼてね」

これは今井和子さん（2013）が編集された『遊びこそ豊かな学び』に「あげは」物語と題して記載されている実践に添付されている写真（一八二頁）の文字です。園庭の山椒の葉っぱについていたあげはの卵をクラスに持ち込んで、図鑑とにらめっこしながら幼虫を育てていった記録なのですが、脱皮して青虫になっていったとき行方不明なったという事件が起きます。みんなで這いつくばって部屋中を探したところピアノの足にくっついていたところを発見。なんてことをやっているうちに、またいなくなったときうっかり小さい子たちに踏まれたら大変だということで、子どもたち（年長）が注意書きをしてあちこちに張り紙していったという話です。

こういう実践の記録にはたいてい孵化して成虫になった瞬間の写真が添付されているものです。

写真には「あげは誕生の瞬間」などのキャプションがつけられています。そういう場面で、もちろん何人もの子どもたちがじいっと蝶に魅入られているのですが、たいていは担任の先生とかも一緒に写っていて、その表情が面白いのです。見ようによっては子どもよりも真剣な驚きの表情で見入っています。すごいなあと思うのです。その表情が。保育者は本当に文化人なのだなあと思うのです。というより、多くの場合は子どもたちと一緒にすごすうちに保育者のほうが感化されていくという場合が多いのかもしれません。

京都・朱い実保育園の阿部素子さん（2015）の「身近な自然の中に発見がいっぱい—ツマグロちゃんとの出会い」は三歳児の実践ですが、「はじめは虫は苦手……関わりたくない……と思っていた私（阿部）ですが、虫が好きすぎる子どもたちに巻き込まれ、しぶしぶ一緒に飼っているうちに……」という知らず知らずのうちに虫にはまっていった保育者の記録です。

虫好きの子どもたちに押されるようにして、ある日「運命の出会い」があって園庭のすみっこでツマグロヒョウモンの幼虫を見つけて、飼育することになりました。子どもたちと一緒に「ツマグロちゃーん」なんて呼んでいるうちに、さなぎになったはよかったけれど、ぶら下がりが下手なさなぎでボトっと落下。このままではダメになるかもと子どもと一緒に落ち込んでいたら、糸にボンドつけてぶら下げるという名案を聞きつけます。

こうして無事にツマグロちゃんは蝶に進化。やはり孵化を発見したのは子どもでした。詳しくは紹介できませんが、このあと、感動のお別れシーンをへて終わったと思っていたら、翌日に虫好きのたかしくんが別のツマグロヒョウモンの幼虫を持ってきます。これは上手に自分で蝶になったのですが、子どもがまたまたこれは前のと違うと発見。模様の違いから雄と雌の違いと分かりました。

ところがその後、秋になって、またツマグロの幼虫を発見する子どもが現れるのです。この蝶は結果的には死んでしまうのですが、孵化の瞬間の不思議な出来事を発見しています。蝶になったとき、子どもが「鼻血が出ている」と言い出したのです。これは孵化のときにお尻から赤い汁を出すという瞬間を目撃したシーンでした。やはり羽をピンと張るためなのですが張るために出した液体が役目を終えて外に出ている瞬間のようです。子どもたちとのやりとりの愉快さについては原文をご覧ください。

蝉は孵化の瞬間に青色になるのですが蝶のツマグロヒョウモンは赤くなるらしい。ほんの一時的な瞬間の出来事なので、じいっと見ていないと（つまり子どもみたいな〈文化人＋暇人〉でないと）なかなか気づけない妖しい世界なのです。まいった。

泥だんごも妖しい

修三君のこと

一〇年以上前になりますが、京都の朱い実保育園の園庭で私が泥だんご製作にうつつを抜かしていたころ、年長クラスに修三君というおもしろい男の子がいて、彼の口癖は「加用先生はズルイ」でした。幼児たちにとって泥だんご作りの魅力が何なのか、それはまだまだ謎のままですが、朝方に園庭でいそしんでいるうちにお昼が近づき「お部屋に入りなさい」と言われるとしぶしぶと作りかけのだんごを下駄箱の奥にしまい込み、給食食べて、またお昼寝前に取り出して続けていたら、また「お部屋に入るのよ」と言われ、聞き入れずにやり続けていたら「もう」と牛みたいに先生に吠えられて午睡準備。致し方なく布団の上に転がって、ごろごろしているうちに、転がっていって園庭側のカーテンをそっと開くと、園庭隅でせっせとだんご作りに余念のない「加用先生」の姿が見えるわけです。ズルイー、ズルイ！

そのうちに彼の「ズルイ」が流行し、廊下などで年長の女の子たちとすれ違うと大阪のおばちゃ

んみたいな口調でよく言われました。

「ちょっとあんた、ずるいでぇー」。

修三君の言葉でおもしろかった二番目は、たとえば私が作った光るだんごを見せると、彼、率直に驚いて「すげー」と叫びますが、続いて「……でもな、俺が昨日作ったのはもっと光ってた」。私、驚いた顔して「そうか、で、それ、どうした？」と尋ねると「……壊れた……」と言うのです。このときの「壊れた」という言葉を発する際の彼の表情が絶品なのです。遠くの空の一点を見つめるような目をして、独り言のようにつぶやくのです。「……コワレタ……」。彼の中では、あれはすごかったよな、壊れちゃったけど……。なのでしょう。昔、やむなく別れることになった恋人が想起の中でやけに美男・美人に見えてくる、みたいなものでしょうか（冗談です）。修三君も泥だんごの妖しさにとらわれていた一人だったのです。

壊れた

三歳児クラスのまさゆき君はふだんはそんなに泥だんご作りに入れ込む子ではありませんでした。だからさほどに上手ということはなかったのですが、ある日、たまたま仲良しでクラス一のだんご名人・雄一君に「一緒に作ろう」と言われて、やっているうちにかなりの上物を作ったのです。うれしそうに手にして、ほら、ほらと飛び跳ねるように喜んであっちこっちに見せに走る姿を見て、担任の西脇先生がちょっと不安顔になっていたのもつかの間、案の定、落としてしまいました。グシャっという音が聞こえたくらいに衝撃でした。あわててちょっとかがんで取り戻そうとしつつ、だめだっと分かったらしく呆然としています。見ていて痛々しかったのですが、直後にはまさに「頭の中が真っ白」という表情（三歳児にもこういう表情が生じることがあることに驚きましたが）になり、何が起きたのか？　とまわりの人に問いたいような顔になっていましたが、やがて顔を歪めて泣き出してしまいました。事態を飲み込むのにコンマ何秒かかかったようでした。

しかしその後は西脇先生の「三歳児や……」というつぶやきが感動に近いものであったような経過になりました。泣き出したまさゆき君の手を引いて雄一君が園庭の中央部に連れ出したのです。

やがて二人が並んでまたふたたび泥だんご作りに戻ったのです。ほんの数秒後には二人並んでの普通の笑顔が見えました。

壊れた事件でややこしいのは加害者になった場合です。

（別の園の年長児クラス）いつも一緒のけんせいとひろのり（二人とも一一月生まれの五歳一ヵ月）が一緒にだんご作っているうちに、ふとけんせいの手が触ってひろのりのだんごが傷ついてしまいました（三分の一が欠けるほどに）。ショックでうつむいているひろのり。だんごを地面に置いてしまう。けんせいはしばらく真顔でそれを見ていたが、突然、けんせい、自分のだんごを落として壊す。どうやらお詫びの印と考えたらしい。ひろのりはじっとうつむいたまま。二つの壊れただんごが地面に並んでいる。けんせい、その二つを踏みつぶしてしまう。お詫びの印が通じなかったからだろうか。それで怒ったひろのりがけんせいをぶとうと何度かジャブで手を出すが軽く一度けんせいの胸に触る程度になる。けんせい仕返しに打ち返した手がひろのりの頬にバチンと見事に命中。ひろのりがわーと泣き出す。けんせいは呆然としている。筆者は経過が分かっているだけに、どうにも……という気持ちで、介入しがたく、ただ後ろからひろのりの頭をなでてやるだけにする。泣き声に気づいて担任のS先生がやってきて、事情を聞くと、泣きながらひろのりがけんせいがぶったという。S先生「けんせいくん、ぶったの？　どうして？」に、けんせい「ひろのりは三回もぶった」と言う（何度も手を出したジャブの分も数えている）。ひろのり「けんせいがボクのだんごを壊した」という。けんせい「ボクのも壊したもん」。S先生「けんせいくん、自分のは壊してもいいけど人のは壊したらいけないでしょ」。けんせい、黙る。泣き続けるひろのり。じっと押し黙るけんせい。しばし、それが続くうちに、けんせい、泣くひろのりの手を取って立たせて、「あっちでだんご作ろう」と言い、やがて二人して移動していき、向こうのほうで仲良くまただんご作りを始めました。

S先生の対応はちょっとずれていた（間近で見ていたわけではないので当然な）のですが、二人が自分たちで納得するきっかけを与えることになりました。幼児の言語能力ではとうてい説明不可能なくらいに思いが複雑に絡んだ体験となったことは確かでしょう。

＊美しい光景

次は、私がある小学校に招かれて低学年の子どもたちとのお団子作る会に参加した日のことです。始まってから三〇分くらいたった頃……ある小二の女の子が「これ直りますか？」と表面が大きく欠けただんごを持ってきました。爪でひっかいた細い線の傷なら直せる場合もありますが、直径が一、二センチもの穴が開くとまず直せません。どう答えるか迷いつつ、相手は小学生ですし、致し方なく「無理だねえ……」と言うと小さくうなずく。「（はじめから）作り直したら？」と言うが、じっと握ったままで納得してない風です。さらに、私の目の前で直そうとしているうちに、いじりすぎてさらに大きく表面が欠けてしまいました。大きなでこぼこになる。

ちょっとかわいそうになって、私「じゃあ、先生が最初のところだけ作ってあげるから、あとは自分でやるんだよ」と言って、その子の物を作り始める。数分後、やっていると、またさっきの物を持ってやってきて「直った」と言う。実は全然直ってはいないのですが、表面に乾いた土を振りかけたらしく、でこぼこではあるが内部の穴ぼこが露出した状態ではなくなっています。とはいえ、明らかにダメ玉ではある。おそらく本人も分かっている。私が途中まで作った物を差し出して、「これでやってごらん」と言うが、手を出してはこない。「いらないの？」と聞くと、うなずいて、さっきのでこぼこ玉を大事そうに握ったままで去っていきました。

受け取らないだろう、というより受け取ってほしくないという気持ちを持ちながらも、作ってやる、そういう態度を示してやる。そのうえで、あくまでも受け取らず、あきらめきれない悲しみを握りしめたまま去っていく。こういう光景を美しいと感じる感覚って何だろう？……と妙に感傷的にさせられた経験でした。

「壊れた」事件にもなかなか奥の深いものがあります。妖しさにとらわれて子どもたちが経験することになる世界は〈躍動感〉に満ちた世界なのです。

泥だんご補論

あるとき（二〇一五年初頭）子どもの遊びについての講演を頼まれて埼玉に出かけました。終わった後、福島から来られたという保育者に話しかけられました。原発事故の影響で子どもたちを園庭に出せない、土に触れさせることができない保育を強いられてきた実情を語りつつ、最近になってようやく園庭の除染が進んで来たので「どんな土を手に入れればよいか教えて欲しい」という依頼でした（合わせて給食の食材となる食品の放射能度を測定するのに苦労している。自治体から配られている測定器ではなかなかかんたんに測れない。多少高価であっても調理の前に即座に測れる本当に実用的な測定器がぜひ欲しいなどの話も含めて）。

土について口頭で説明することは難しい点がありますので京都に帰ってから知り合いの園に立ち寄って土のサンプル（園庭を見回して、球体を作るのに適していそうな土が含まれていそうな箇所と表面の皮膜を作るのに適していそうな土が含まれていそうな箇所の土）を採って郵送しました。

数日後に私へのお礼を含めながら子どもたちの実情について記されたお返事が届きました。それを読んで二、三日迷いましたが以下のような返信をしました。

「京都教育大学の加用です。私は生来筆無精なところがあり、郵便が苦手です。ですから相手の方にもお返事を強要するかのような結果になるものをお送りすることには抵抗がある人です……ので、お返事は無用であるという前提でのものとお受け取りくださいませ。

先生からのお手紙を拝見して、私などが想像もできないような場に置かれた先生たちや子どもたちのこと……想像を絶します。

それでもお手紙にありましたように、除染がそれなりに行われて、一年前の一日一時間という制限からは脱しつつあるという現状には、遠く離れた地にいる者としてもほっとさせられます。で、そういう中で子どもたちにぜひ、土に触れ、だんごを作り、というような活動に戻してあげたいという願い、痛切です。

三年、四年と、非情な事態の中で子どもたちがごく普通の自然からも隔離されなければならなかった事情、そういう中で、当然、子どもたちの姿にも「不自由さ」「ぎこちなさ」「大きな経験不足」などなどが避けられなくなった……想像できる範囲で理解します。

でも、先生のお手紙の中にあった「インターネットで、先生が指導する『光る泥だんご』を開いてみて、『あ〜、うちの園の子はまだまだだなあ』と思いました」が、少し、気になりました。

どのサイトを開かれたのかは分かりませんが、私のサイトなどは、かなり大人向けのサイトなので、提示しているだんごもかなり上級です。大人たちの興味を惹くにはこうするしかなかったという言い訳になりますが、ああいうのを子どもたち、特に幼児たちが作るのはまず無理なことです。どこの地の子どもたちでも、です。私は、幼児の場合は、でこぼこになったり、割れそうになっていたりしても、こすっていたら部分的に光ったりする箇所もできて、それをみて「光ったー」と喜んでいる、こういう姿が貴重なのであって、普通なのだと思っています。ようは、それを通じて、できたと思えたりしながら、土に触る感触、丸められたときの握り具合、そういう触感を楽しむ機会であってほしい、それを通じて、友達同士でおしゃべりできるゆったりした時間そのものが貴重なのだと思っています。

ですから、どうか、私のサイトのだんご写真などを標準などとはお考えにならないでください。この点、誤解がありましたら、お許しください。」

これ以上の補足は必要ないと思いますので、二つ目の補足に移りたいと思います。

＊泥合戦

著書『耕せ耕せ、ぼくらのからだ』（1982）、絵本『ダンプえんちょうやっつけた』（ふるたたるひ・たばたせいいち作、童心社）のモデルとして知られる高田敏幸さん（通称：ダンプ園長）も東日本大震災で被害に遭われ（幸い子どもたちは全員無事だったようですが）廃園に追い込まれた一人です。最近、その痛切な思いを込めて以前の保護者たちが寄せた文集も含ませた本『天には憧れ地には絆を』（2014）を上梓されています。

現役のころは「うちの園は園庭が狭いけど、町中がおれたちのあそび場だぁ」といってリヤカー引きながら子どもたちと園外に出て行く保育を信条としている人で、森や神社などの中でのかなり過激な対自然活動を子どもたちに経験させています。子どもたちは原っぱで上半身裸のままで（したがって、トゲトゲを上手に避けながら）転がりあって遊んでいます。神社の石段脇の石の滑り台を子どもたちがじゅずつなぎになって寝転んで滑っています。子どもたちが全身の興奮を土台にしながらつながりあっているのです。山に行けば、当然、木登りし、見つけた蔓をひっぱってブランコにしたり、木をもぎ取って刀を作ってちゃんばらごっこ。そうやってさんざん遊んだ後で「おーい、腹減ったなあ。保育園帰ったらおいしい給食が待ってるぞー」とわっせわっせとみんなで帰って行くのです。

こういう保育をしている人なので泥だんごのような遊びにも独特の見解をお持ちであろうと思っていました。

一年ほど前、私が別のことで弱音を吐いて彼にいろいろなことを尋ねたことがあります。その中に泥だんごのことがありました。友人であるという親しみのこもったお手紙の中で「俺が遊びで大事にしたいのは子どもが群れることだ」とありました。

この言葉にはずしんと響くモノがありました。なぜなら彼の著書『耕せ耕せ、ぼくらのからだ』には泥を使った集団遊びの実践の報告と写真がわんさかと紹介されており、その実践を背景とした感想だったからです。実践の詳細は原書を参照していただきたいのですが、子どもたちとの泥のぶつけ合いです。おそらくは散歩途中の田んぼを使っているのでしょうが、泥だんご作りどころではなく、泥そのものを合戦のようにぶつけ合っているのです。全員、上半身裸です。園長に泥を目のあたりにぶつけられてパンダみたいな顔になっている子どもの写真もあれば、終わった後で全員が両腕でのガッツポーズを決めている写真もあります。全員が（当然園長も含めて）体中泥だらけの姿で、男の子も女の子もいたずら小僧のような顔つきで笑っているのが強烈です。子どもが群れているどころではありません。土と一体になって群れているのです。写真全体から子どもたちの汗と土の芳香が押し迫ってきます。

泥を使った遊びは多様なのです。ままごとの料理としてのおだんご、地面をこすって形を作る型どり、プリン容器に詰めた土をこする遊び、光る泥だんご（丸形、おにぎり形その他）、ぶつけ合って固さを競う遊び、全身を泥だらけにして浸る泥のプール遊び、そして泥合戦……

終　章

「遊びの保育」
の必須アイテム
その④

安楽さ気楽さと感情の耕し

躍動感

前章の後半あたりで「妖しさにとらわれて子どもたちが経験することになる世界は〈躍動感〉に満ちた世界なのです」とふれました。

躍動感と言えば思い出すことがありますので紹介します。何年か前のある日、新潟の保育者であり心の友の一人でもある小林光子さんから手紙が届きました。

「……そうそう。愉快なことがあってね。誕生会に手品をやったの。水槽に入れて、さあ、この魚を本物にしてみせようってね。（実は、このところいろいろ忙しくて、誕生会の準備がなーんにもできてなかったので、その場しのぎのほんのジョークで……）

魚（玩具）の腹に水色の絵の具塗っておいたので、『ひゃー、青い煙がでてきたー』と、大騒ぎ。魔法の茶を入れたり、呪文を唱えたり、時間かせぎの様々、どきどき演出をやって。で、『ダメダ、まほうの力が弱すぎる!!』と、とても残念がって、おしまいにするの。『もしかしたら、お昼寝の頃に変身するかな』って、ね。

そしたら、子どもたちがとても、気にして、一日中のぞいて、『しっぽが青くなってきた』『腹のあたりがやわらかくなってきたかんじ』とか、言うのです。

あんまり乗っているので、翌日は金魚だ、と金魚やさんに走ったのに、何と、お休み。

仕方ないので、翌日の今日は、魚をとって（かわりに）赤いトマトを入れておきました。これがすごい。『トマトになってる!!』と人騒ぎ。登所してくる子に『おーい、昨日の金魚がトマトになったぞ』と友達がかけ走って教える場面が続出。

ポカンとしてて、ニヤニヤしてて、つかみどころのない、へんてこな、みさきちゃん（四さい）。この子の姿が、一日中、私の腹を痛くしました。朝、五分は見てたでしょうか。

とても困った顔して、『何なの？』って顔で私を見つめるのです。それから、一日中、のぞいては、?.?　のぞいては、?.?　『ほら、またみさきちゃんが！』と、私たらは教えあい、ククク、ククク。

（子どものおしゃべり）
・あしたは、キュウリになってたら、どうする?
・トマトのたねのところに、魚が入ってんじゃないの?
・切ってみるか。ダメ、魚が入ってたらどうするん。
・トマトのヘタのところが、ゆれてきてる。
・不思議なおじいさん（から、もらった、まほうの薬で私が魔法をかけたってことになってるの）

に夢であったら聞いてみよう。みんな、ちゃんときけよ。夢見たこと忘れるなよ。・脱皮するときみたいに、みんながさわったから、魚になれなくて、トマトになったんだよ。今日はみんなさわるな！

なんて言ってて、お迎えにきた母親に、さかんに話している様子は、まだまだ、のりのりなので。さあて。今日はね、魚を買ってきたの。うーんと迷って、ヒメダカ一〇匹！

一匹どかんと入れるのもいいんだけど、コロっと死んだら、困っちゃうから。アハハ。

『あしたは、小林先生の当番。あした仕事に来るのが楽しみだわ。トマトはどうなってるかしらねえ』って、職場の仲間が帰っていきました。ふざけた遊びで、私たちの関係も楽しくなってきました。あしたはどうなるでしょうか。みさきちゃんが、どんな顔するのかを思うと、楽しみで、眠れないわい。アハハ。じゃ、また。」

この話はこのあともまだまだ続く（引用部分は全体の四分の一程度）のですが、こういう実践を聞くたびに思い出すのがある事件です。といっても、いわゆる「事件」ではありませんが……ある園の園長が、近年の若者の間に見られる非科学的志向性（霊や超能力の類いを信じてしまう）に心を痛めて、「今後一切、ウチの園では保育で占いやおまじないのたぐいを使うことを禁止する」と言い出したのです。

遠足前の「てるてる坊主」ってダメなのかしら？？　散歩途中で大きな石を見つけて「ひらけー

ゴマ！」なんてやってきたけど？？　サンタクロースだってウソと言えばウソなんだけどぉ。当の園の保育者たちからこっそり「困っているんですけどぉ」と相談されて、転げ笑いしそうになりながら、うーむとうなってしまいました。園長の言い分ももっともなのです。私もむやみに占いやおまじないの類を保育に持ち込むのはどうかと思います。ですが一般論で否定すると大きな何かを失うことになるかもとも思ったのです。

私が出した結論はその取り組みの中で子どもたちに耕される感情の豊かさがどうであるか、それでおつりがくるような取り組みかどうか？　これなのではないか？　でした。「金魚・トマト事件」は充分すぎるほどにおつりがきているように私には思えます。

そういうわけで、保育の取り組みの評価に当たって「感情の耕し」という視点は不可欠なものになるように思えます。これまでの章でも直接的には触れていなくてもこういう視点を持ちながらいろんな実践の紹介をおこなってきたつもりです。

紙数の限界に近づいてきましたので最後に、この点に関連する二つの補論をつけ加えさせていただきたいと思います。

〈遊びの中で身につくもの：その羅列〉

乳幼児期 ➡ 学童期	
学び（知識、感覚、思考、想像力、運動技能、社会性、感情認知他）	
自主性・主体性、基本的信頼感、自信……	
身体づくり、身体慣らし（様々な食材・土・水・草・虫・動物・人肌など）	
感情の耕し	美的感覚の耕し

乳幼児期と感情

表は子どもたちが「遊びの中で身につくもの」と題してそれを羅列的に示したものです。意図は二つあり、遊びは学びを含みつつもそれぞれに解消されない面もあることを示したかったこと、そして乳幼児期という発達的時期だからこそ遊びが感情の耕しに関連してくるということを主張したかったことです。

話のきっかけとしてある遊びの観察例を取り上げてみましょう。

小学校の運動会でリレーを観戦する機会がありました。さすがに六年生にもなると迫力が違います。追越し追い抜かれ、そのたびに観客がワーッと大騒ぎして、赤、黄色、緑のはちまきが入り乱れての大接戦でした。ところがその最中に、トップを走っていた子が途中で転んでしまうというアクシデントがあったのです。

こういう光景は幼児の運動会では見慣れています。幼児の場合、たいてい誰か途中で転ぶ子が出てくるのです。その子はその後どうするでしょうか？　四歳児ならたいていその場で泣き出してしまいますが、たいていの五歳児はさすがにその場では泣きません。泣きそうになりながらも歯を食いしばりながら立ち上がり、また必死で走ります。そして走って次の子にバトンを渡して、チームの子たちが待っている場所にたどり着いて、そのとたんにしくしくと忍び泣きを始めるのです。これが五歳児の通常の姿です。さすがだと思います。

では同じ様な場面で小学校の高学年の子たちはどうするのだろう？　これが私の不謹慎な関心事でありました。六年生の転んだ子は、ごろごろと転びながらも実にすばやく立ち上がり、すぐさま全力疾走。何事もなかったかのように走り抜けて次の子にバトンを渡し、遅れて走っている自分のチームの子をチラッと見やってから、近くの味方の子に抱きついています。笑っています。観客席からは距離がありますから声は聞こえませんが、彼の表情から察するに、「やっちぃまったぜ！　ギャハハ」とでも言っているように見えました。

幼児との違いは明白です。この六年生にとってリレーはすでにレジャーになっているのです。「面白れぇーから」頑張って走っているのであって、自分の存在をかけて、というほどのものではないのです。それはすでに彼らの自我を揺さぶるほどの感情体験ではなくなってきているのでしょう。では彼らにとってはすべてがレジャー的になっているのかと言いますと、おそらくそうではないでしょう。たとえばサッカーチームなどに所属して頑張っている六年生が肝心の公式試合でドジを踏んだとして、このリレー場面と同じように振る舞えるでしょうか？　それは難しいのではないでしょうか？　そういう場合は彼らでも悔しさと情けなさで泣けてくるはずです。

遊びと一口に言っても、成長した子どもたちや大人たちにとっては、そのとき楽しければよい、面白ければよいというレジャー的活動（「面白さの追求」優勢）と、ときには自分の存在そのものをかける場合すらある入れ込み的活動（大人なら、登山、囲碁、将棋、家庭菜園、俳句などなど「その人なりの美的感覚の追求」優勢のもの、こういう中には毎日の生活の送り方そのものも含まれるのかもしれません）は異なるものなのです。そういう区分が成立しているのです（もちろん実際にはこれらの中間に当たる遊びもあるわけですが、過去の遊び論はたいていこのうちのいずれかに力点をおいたものになっています）。

これに対し、乳幼児期ではそういう分化がまだ生じてはいません。未分化なのです。この未分化性が彼らの強みでしょう。ですから学童期の大きい子どもたちとは違って乳幼児期の子どもたちは、一方で、つまらないことで泣いたり、怒ったり、怖がったりなど、すぐに必死になってしまいます。かと思うと、基本はいいかげんですから気分が変わりやすく、面白いと思うことにはすぐに手を出していき、その結果、どうでもいいことを喜んだり、笑い出したり、そういう意味でたわいないという二面性を示してしまうのです。こういう二面性こそが乳幼児たちの基本的特徴なのではないでしょうか。それゆえに乳幼児期の子どもたちにとって遊びは彼らの幼い自我の揺さぶり、感情の耕し経験そのものとなるのです（加用　2010b）。

以上が補論１です。２は感情というものそのものについての補足です。この中でかんたんにですが本書のテーマであった「遊びの保育の必須アイテム」の④「安楽さ気楽さ」についても触れるつもりです。

混合感情＆背景感情

進化論で有名なダーウィンの影響を受けた心理学者のポール・エクマン（1987）とキャロル・イザード（1996）は、怒りや恐怖や悲しみや喜びなどの感情は基本情動として人類普遍であり、それぞれ別個に脳の中に中枢を持っていて脳の成熟と共に規則的な順序で発現してくるというような考え方の基礎を作った人たちです。大まかには確かにそうであったとしても二つの研究課題がありまず。
①子どもたちの生後の経験は各感情の発現にどう関係してくるのか？　②我々が日常生活で感じたり表出したりする感情は、純粋なる怒りとか、純粋な恐怖とか、そういういわば純粋感情の経験はむしろまれなことであって、ちょっと不安が混じった怒りとか、笑みを含んだ怒りだったりもし

ますし、恐怖でも「ひえー」と叫んでいるときなどはちょっと笑いが含まれていたりもします。混合しているのです。純粋なる怒りなどという状態で過ごしていたらいつかは人を殺めてしまいそうですし、純粋なる恐怖状態は精神を破壊してしまう結果になるでしょう。

では、我々が精神の健康さを保ちつつ、かつ複雑かつ精妙な、ときに芸術的な、またときにすぐれて人間的な混合感情状態を経験できるようになるのは、どういう発達的プロセスを経てなのでしょうか？　過去一〇〇年の間に発達心理学は膨大な事実を蓄積してきて理論的にもずいぶん発展してきていますが、混合感情の獲得問題にはまったく手をつけられてきていません。現在の発達心理学が描き出す「発達」がいまひとつ（二つ？　三つ？）リアリティを欠く大きな理由のひとつでしょう。

さて、そういう話に進む前に、遊びの感情教育的価値について指摘した先達を紹介しましょう。進化心理学者のニコラス・ハンフリー（1986）です。

＊ハンフリーの感情教育論

彼は『内なる目―意識の進化論―』という世界的に著名な著書の中に「感情教育」という章を設けて、三点にわたる主張を行っています。まず第一は、幼い子どもにとって成熟した感情体験はまだまだ遠い世界であること。たとえば二歳児の発話「ママ、悲しそうね。パパが何したの？」を例にとって次のように指摘しています。

> でも、現実には（もし子供がそれを認識できたとしてもだが）母親が感じているのは正確には悲しみではない。それは落胆、憂鬱、嘆き、欲求不満、あるいはその他の何でもいい――この子は、悲しみの多様性についてまだ何も知らない。（略）さて、坊や、事実は、パパがまた酔っぱらった、パパがよその女の人と食事してきた、あるいはパパは失業したのだ。あるいはたぶんママは、生理の時はいつもそんなふうに感じるのかもしれないし、その時、ママは原子爆弾のことを考えていたのかもしれない。言うまでもないことだが、そういった答えは幼い子供には通用しないだろう。（p.118）

第二に、やがては感情の多様性へと至るべく子どもたちが感情経験を積んでいって成長していく、そういう際に助けになっているもの、それは遊びの経験なのだと言います。

> 遊びは現実の生物学的ないし社会的な結果を危険にさらすことなしに、起こりうる感情ないしアイデンティティを体験することだ。（p.126）

実際に交通事故に遭う、あるいは病気で母を失う、そんな危険な経験をしなくても、子どもたちは遊びの中でさまざまな感情経験をすることができるし、そうやって感情が耕されていくのだという。しかし、限界もあるという。ハンフリーによれば、遊びにおいてイニシアティブをとるのは常に子どもであり、また遊びは基本的に楽しみの追求なので、子ども自らが「すすんで不当な扱いを受けようとはしない」だろうし、「わざわざ頭にげんこつをもらいに行こうとはしない」だろうし、「友達や愛する人の敵意を自ら招こうとはしない」だろうし、ましてや「事故に」遭おうとするはずもない。

そこで第三にハンフリーが注目するのは、世界各地で実際に行われてきている「子どもいじめ」（虐待ではありません）、両親がわざわざ子ども相手に寝る前に「悲しい歌や怖い話」で子どもを泣かして楽しんでいたり、クリスマス前に、プレゼントがもらえるかどうかを告げるキリストの使者だと称して、恐ろしい衣装を身にまとって子どもの前に現れたりする西洋の風習を紹介しています。これらは普通の遊びだけでは足りないという判断の下で古来から大人たちが考案してきた子育ての必須行事であったのだろうと言います。

私もハンフリーの指摘にだいたいは賛成なのですが、彼の主張には微妙な難点があります。第一の主張で、成長と共に子どもたちが身につけていかなければならない「感情の多様性」を論じているとき、明らかに混合感情のようなものが想定されています。怒りが含まれる悲しみ、恐怖が含まれる悲しみ……などなど。しかし、彼が第三の指摘、子どもを怖がらせる「風習」について論じるとき、彼はそこに混合感情が含まれうる可能性については注目できてはいないようです。

しかし、日本の保育所や幼稚園での節分の行事などの取り組みをめぐっての園内議論に私のような立場の人間が接していますとおもしろい矛盾に気づくことがあります。

＊混合感情経験としての遊び

節分のような行事が近づいてきますと、今年の鬼さんどうします？　と職員会議で話題になり始め、（園にもよりますが）お面かぶって扮装したときに怖い人（園長のご主人とか）が選ばれます。当日の朝になって支度部屋で「このお面、いいんじゃない？　そっちより絶対こっちのほうが怖いわよ」（で、ぎゃははと笑いが起きて）、「○さん、お腹出てきて風格あるわよ」「この棒、振り回したら、やっぱりすごいわよね」……などと実に楽しい雰囲気。ところがたいがいの保育者たちは実践報告になると「私たちは、決して、子どもたちを怖がらせるためにやっているんじゃありません！」と言われます。

まあ、実際には数日前から各クラスでは子どもたちと一緒に対策会議を開き、泣きそうになっている子たちを前に「鬼さんは豆に弱いらしいのよ、だからみんなこれから鬼にぶつける豆を入れる袋を作ろうね」とか「給食の先生に頼んで鰯を焼いてもらいましょう。鬼は鰯の匂いかいだら気絶するらしいからね」とか諭していくのです。中には散歩先で拾ってきた棒を振り回して「俺はこれで鬼叩く」と言い張る子には、（それはやめてほしい。来年の鬼役がいなくなるワ）「木の棒はみんなの分ないし、新聞紙で棒作ろうね」なんて言って……

ようするに一方では精一杯怖がらせようとしていながら、他方では鬼に立ち向かっていくように

仕向けるのです。結果的に当日子どもたちは恐怖と怒りと（ときに笑いが入ったり泣きが入ったりします）が入り交じった感情体験をすることになるのです。混合感情へと導かれる経験です。共同する力や考える力（すなわち「学び」）の発揮は実際にはこういう感情体験の上に成立しているのです。

実は混合感情の経験はなにも節分のような取り組みだけに限ったことではないのです。先日も、ある園の年長児たちの冬合宿で京都の北のスキー場に出かけたときは、私たちが即席に作ったジャンプ台の上をそりで滑る（ふわっと空を飛ぶことになります）とき、怖そうに引きつった顔と空を飛ぶときの心地よい快感が入り交じった表情にたくさん出会えました。雪合戦で先生にぶつけられて泣き出したのに、若いE先生は泣き出した子の表情がよほどおかしかったのか、慰めるのも忘れて大笑いが馬鹿笑いのようになり、あまりにも笑いが自然だったので、子どもも釣られて笑い出してしまっていました。子ども同士ぶつかって怒りながら笑い出すことも多々あることでしょう。

こんなことはスキー場に行かなくても通常の保育場面でもいっぱい出会えることです。本書でこれまでに紹介してきたたくさんの実践例にも示されていますが、あるとき散歩先でヘビが発見されました。抜け殻ですが、これを平気で持ち上げて喜ぶ子もいれば、怖くて触れない子もいます。そういう子たちは、嫌がっているのに無理矢理に仲良しの了に手渡されて、こわごわ持ってみたら見た目とは微妙に違う感触（ふわっと温かくて柔らかい）があり、どうしていいか分からない瞬間に先生に「（手に持っているのが）すごい」と言われて……嬉しいのか怖いのか怒りなのか可愛いのか、本人にも分からない、遊びにはこういう混合感情経験がふんだんに含まれているのではないでしょうか。

＊背景感情というもの

最初に気づかされたのはずいぶん前ですが、０歳児の保育中に保育者たちの世間話が多いことに出会ったことがきっかけでした。赤ん坊のオムツを取り替えながら保育者同士が「タンス買ったんやろ？」「そうや、それがな、引き出しがつっかえてんねん」「そら、あかんわ」「困ってるわ、○ちゃん、足上げてな、そや、そや」「○ちゃん、あんた引き出しみたいやでぇ」で、大笑い。「でもな、いまさら、戻すのもなあ、めんどくさくてなあ」、そこでまたぎゃはっはと笑いが起きて……

なんてなおしゃべりをしながら保育が進行するのです。なんということもない普通の光景ですが、考えてみたら、赤ん坊は泣く以外に声立てることは珍しく話しかけても応えてはくれないので世間話の相手には不足です。そこでつい保育者同士の世間話に花が咲くというわけで。園長たちの中には笑いながらも「うちの職員はよけいなおしゃべりばっかりしているのが多くて困る」なんて言う人もいますが、ちょっと違うかも……と思ったのです。

どうせならそういうおしゃべりを子どもたち相手にしてあげたら？　というのも正論ですが、子どもの立場からしてみたら、オムツ代えてもらいながら頭上で世話をしてくれている大人たちの楽しそうな笑い声が聞こえてくる、そういう雰囲気の中で保育が進行していっているということの貴重さもあるのではないか、そんな風に勝手思いしたことが背景感情というものに思い至ったきっかけでした。

また節分の話になって恐縮ですが……

私の知り合いのある園では節分になるとコワーイ鬼が四匹（保護者鬼二匹、先生鬼二匹）も出てきます。これが二歳児クラスから始まって年長五歳児クラスまで順々に荒らしまくって、たいていの子どもたちを大泣きさせて「わっはっは」と笑い去っていくのが毎年の恒例です。こういう取り組みでは、よーく考えてみると不思議なことがいっぱいあります。そもそも怪獣みたいな危険なモノが襲いかかってきたら、大人としての責務は身を挺して大切な子どもたちを守ることです。自分が前に出るべきでしょう。なのに、こういうとき先生たちはいつになく弱気な声出して「先生は怖いから、○○君たちお願い」と子どもを怪獣の前に押し出します。わーと怖がって泣いている子たちもたくさんいるのに、園の最高責任者たる園長先生は泣いている子をカメラでぱちりぱちりと嬉しそうな顔して撮影しています（桜花学園大学の田中義和さんの指摘）。何たることでしょう？ある園では当日、ホールに0歳から5歳まで全員を集めて待機している最中に、外から鬼共がやってきました。ところが、何かの手違いでホール入り口のドアの鍵が内側からかかっていて鬼たちが入れなくて困っています。「アラ、大変、開けてあげなくちゃ」と主任の先生が走っていました。

こういう実践について評論家みたいな人から「子どもに恐怖感を与えるような経験はいかがなものか？」などと言われることがありますが、なんか違うような気がします。確かに子どもたちは「こわいー」と言い「わー」と泣きますが、真実の恐怖感（本当の災害や事件に遭遇したとき）とは基本のところがまったく違っているのです。怖がることもお楽しみの一つみたいになる。どうしてこうなるのでしょうか。それは周りにいる大人たちが振りまいている感情的雰囲気です。子どもを怖がらせていながら背後にいる大人たちは笑いをこらえきれないという感じでいるのです。子どもたちはこれも感じ取ります。「こわいー」と泣きながらも大人たちの笑いの感情を感じ取っているのです。背後にある温かさを理屈抜きに感じ取ります。そこにあるのは大人たちが醸し出す揺るぎない安定感です。この温かいクッションに包まれた中での「こわいー」なのです。苦い薬を甘ーいオブラートでくるんで出されているようなものでしょう。そういう背景感情が作動しているのです。

背景感情は肯定的なものばかりではありません。

一、二歳児の「かみつき」問題について研究している京都華頂大学の西川由紀子さん（2009）の調査によると、かみつきは昼寝前に起きやすいようです。このことについて西川さんは

昼寝前という時間帯は、子どもたちが、まだ食事をしているグループ、食べ終えて着替えをしているグループ、着替え終えて遊んでいるグループに分かれ、多様な活動をしている時間帯です。保育者は、それぞれのグループの子どもをみつつ、さらに食事の後片付けをし、昼寝のふとんを準備していくという、とてもあわただしい時間となります。（p.8-9）

と指摘して、その背景事情を分析されています。こういう時間帯では保育者の動きにも余裕がなく、ざわざわっとした、いらいらが助長されやすいような背景感情が作動しやすくなっていて、それがかみつきを招きやすい一因になっているのではないかと考えられます。さらに、

このことが示しているように、保育室の子どもたちの安定した生活は、そこでともに過ごしているおとな集団がどのような質の集団であるかに大きく左右されるのです。和やかな空気、ピリピリした空気。そのことばにできない空気を、子どもたちはきちんと読み取って、まるで鏡のように反応してみせてくれるのです。保育者同士があたたかい関係を持っていることがど

――れだけ大切かがわかります。（p.79-80）

と述べられています。肯定的な背景感情の重要性について説得力のある指摘と思います。

肯定的な背景感情は、安心してすごせるということ、そういう意味で子どもたちの日々の生活の基底に流れる「気楽さ」に関わっています。しかしこの「気楽さ」が「安楽さ」にまで高まるには、他のアイテム、①給食室の職員の努力のたまものである「おいしさ」、②対等性の快感を追求する「金剛力パワー」、③時に躍動的な経験を生み出す「妖しさ」などなどの働きがどうしても必要になるように思えるのです。そういう意味で「遊びの保育」の必須アイテム④は「安楽さ気楽さ」なのです。

そして逆に、背景感情としての「気楽さ」が日常生活の基盤をなしていてこそ他の三つのアイテムもそれらしく生きてくるのであろうと思います。他のアイテムについて触れてきた各章でのたくさんの実践事例の紹介では、この点を強く意識して紹介してきたつもりです。実例について時に笑いと愉快な気持ちを含ませながら読んでいただける面があるなら幸甚です。

おわりに

本書のタイトル『「遊びの保育」の必須アイテム』は、あまり聞き慣れないものかもしれません。私は遊びの研究者ですが、遊び一般を対象にしてきたというわけではなく、あくまでも保育という営みの中にいる子どもたちの遊びを対象にしてきました。本書で取り扱う諸事例がいずれもそういう場でのものに限定されているのもこの事情から来ていますし、そういう場には当たり前のことですが「保育者」たちがいます。現代日本の保育事情は、取り巻く環境問題（地域事情や園内外の自然環境そして保護者たちのおかれている事情）と並んで保育者たち事情というものに大きな影響を受ける事態へと進んできています。

戦前・戦後の頃からも保育所への入所希望者数は常に行政の担当者たちの予想を超えるものだったと思いますが、一九八〇年代から九〇年代にかけて一・五七ショックと保育の必要性を訴える多数の声に圧倒されるなかで国は一つの大きな岐路に立たされました。

保育に対する抜本的な国レベルでの財政基盤の確立と、多くの親たちを深夜も含む長時間労働に駆り立てる現代日本の異常な産業構造の改変へと進むか、あるいは別の方策での解決策を探るか……一九九〇年代から二〇〇〇年代、選ばれた道は保育所の民営化の促進と設置基準の緩和という施策でした。

最低限の保育室があれば園庭なんかなくてもいいじゃないか、給食は大事だけれど外部委託・搬入でもいいじゃないか、各年齢ごとの保育士の最低限の配置基準は大事だろうけれど、人数さえそろっていれば必ずしも正規職員じゃなくてもいいじゃないか、平均勤務年数は五、六年程度でもいいじゃないか……そういう「保育観」を基本に想定しているとしか思えないような施策で乗り切ろうとし始めました。

これが「緩和」を通り越して「自由化」の道へと進もうとしているのが二〇一五年度から開始される「子ども・子育て支援新制度」です。国も自治体も最低限の規準設置はするから、そのうえでいろんな保育所があっていい、企業も含めて自由に保育事業に参加してもらって、あとは保育所間で競争して、親たちの選択ニーズに沿った営業努力をする園が生き残っていくだろう、それでいいじゃないかという路線です。いわゆる「勝ち組」「負け組」の論理を保育という営みにも適用していこうという話のように聞こえてきます。

保育が子どもたちと保護者たちを守ることのできる営みとして、その基盤を成しているのは、自園給食を基本とした給食室の設置義務、園内外の自然環境、そして特に重要なのが職員の給与面を含めた待遇の維持と改善です。経験を積んでいくことが給与面でも保障されていくことであろうと思います。経験年数が多様な保育者の集団による保育を基本とするということです。この点を軽視して配置基準の充足だけを論じるようなことでは保育の質の低下は避けられないと思います。四つのアイテムを選び出した根底にはこの考え方があると思っています。これで足りるなどと言うつもりは毛頭ありませんが、長年にわたって知己を得た全国各地の保育者たちの努力の一端を「保育の中の遊び論」という視点で総天然色的に紹介することで、現代の保育事情の中に生かしていただければと思っています。

〈付記〉

本書は、東京都公立保育園研究会の『広報』誌に二年間（二〇一三―二〇一五年）連載させていただいたものをもとに大幅に加筆したものです。連載の機会を与えてくださった同研究会の皆様にお礼を申し上げます。しかし、何と言っても本書の中身になる実践例を提示してくださることになった多くの保育者たち（特に身近にいる京都の園の給食室の職員を含む保育者たち）に感謝申し上げます。東京の公立園の男性保育者・高橋光幸さんには数年にわたるメールのやりとりなどで文案のいくつかについて重要な示唆やアドバイスなどもいただきました。

最後になりましたが、出版の労を執っていただいたひとなる書房のみなさま、特に社長の名古屋研一氏にはあれこれのわがままも聞いていただけたことなど、長年のおつきあいを越えて感謝申し上げます。

二〇一五年　メーデーの日に

加用　文男

●文　献

安曇幸子・伊藤綠・吉田裕子・田代泰子（2014）『子どもとつながる 子どもがつながる』ひとなる書房
麻生武（1996）『ファンタジーと現実』ミネルヴァ書房
阿部素子・下條拓也（2015）「身近な自然の中に発見がいっぱい―ツマグロちゃんとの出会い」『保育びと』（京都保育問題研究会編）第二二号（印刷中）
今井和子（1990）『自我の育ちと探索活動』ひとなる書房
今井和子（2013）『遊びこそ豊かな学び』ひとなる書房
岩附啓子（1995）「地図づくり」『乳幼児の知的教育』「現代と保育」編集部編、ひとなる書房、pp.136-143
岩附啓子（2004）『シナリオのない保育』ひとなる書房
加用文男（1990）『子ども心と秋の空』ひとなる書房
加用文男（1994）『忍者にであった子どもたち―遊びの中間形態論―』ミネルヴァ書房
加用文男（2008）「保育における笑い論」『季刊保育問題研究』（全国保育問題研究会編）二三四号、pp.28-38
加用文男（2009a）『涙が出るほどの笑い』はいつ頃見られ始めるか？」『京都教育大学教育学部紀要』No.114　pp.77-86
加用文男（2009b）「親の安心、子どもの和み」『ちいさいなかま』五三四号に加筆

加用文男（2010a）「幼児の想像遊びにおける多視点態度性」『心理科学』第三〇巻第二号、pp.43-56
加用文男（2010b）「遊びにおける感情の耕し」『発達』一二二号、pp.2-9
加用文男（2013）「余暇論の呪縛―ジャックアンリオから見たホイジンガとカイヨワ―」『心理科学』第三四巻　第一号、pp.68-83
河崎道夫（1991）「劇遊び・劇の面白さを探る」『遊びの発達心理学』（山崎愛世編）萌文社、pp.134-167
河崎道夫（2011）「ごっこ遊びをおもしろく豊かに―現実世界との豊かなやりとりを土台に―」『現代と保育』七九号、pp.142-155、なお、本論文を含む連載は河崎道夫（2015）『ごっこ遊び―自然・自我・保育実践―』ひとなる書房に再構成されて収録。
神田英雄（2013）『続・保育に悩んだときに読む本』ひとなる書房
佐伯由佳（2012）「保育園で織りなす日々よ、人生の錦となれ」『現代と保育』八三号、pp.6-17
桜井ひろ子（2012）『ごんごんの保育笑説』ひとなる書房
下田浩太郎（2012）「5歳児―秘密基地作りプロジェクト―」『支えあい育ちあう乳幼児期の集団づくり』（全国幼年教育研究協議会・集団つくり部会編）かもがわ出版、pp.122-130
妹尾冴子「発見がいっぱい――虫探しって楽しいな」（2015）『保育びと』（京都保育問題研究会編）第二二号（印刷中）
高田敏幸（1982）『耕せ耕せ、ぼくらのからだ』青木書店
高田敏幸（2014）『天には憧れ地には絆を』新読書社
高橋光幸（2011）『「クラスだより」で響き合う保育』かもがわ出版

田中義和（1997）『描く遊びを楽しむ』ひとなる書房
田中義和（2011）『子どもの発達と描画活動の指導』ひとなる書房、p.18
谷川芳秋（2014）「若手と一緒にあそびをつくる」『季刊保育問題研究』（全国保育問題研究会編）第二六八号、pp.56-67
谷口敦子（2015）「おもしろ小話」『保育びと』（京都保育問題研究会編）第二二号（印刷中）
玉井邦夫（1991）『ゆらぎつつ子育て―仙台・かたひら保育園物語―』ひとなる書房
為末大（2013）『遊ぶが勝ち』中公新書ラクレ
勅使千鶴（1999）『子どもの発達とあそびの指導』ひとなる書房
西川由紀子（2009）『かみつきをなくすために』かもがわ出版、p.8, p.79
西郡律子（2014）「キャラクターになってあそぶ」『季刊保育問題研究』（全国保育問題研究会編）第二六八号、pp.20-31
服部敬子（2015）「生活の中にみる乳幼児の発達―理論とゲンジツ（四）―」『保育びと』（京都保育問題研究会編）第二二号（印刷中）
福本護（1995）「〝ことば〟を育む大人との豊かな関係」『乳幼児の知的教育』「現代と保育」編集部編、ひとなる書房、pp.31-37
『保育びと』編集委員会（2007）『給食人』かもがわ出版
宮田隆子（2015）「感動のクリアファイル」『保育びと』（京都保育問題研究会編）第二二号（印刷中）
村上公也＋赤木和重（2011）『キミヤーズの教材・教具―知的好奇心を引き出す―』かもがわ出版
村上公也（2014）「うんち語文字による表現の創発―うんち語文字の貫通力―」『発達・療育研究』第

三〇号　pp.19-36
森田光江（2015）「子どもってすごい」『保育びと』（京都保育問題研究会編）第二二号（印刷中）
谷地元雄一（2000）『これが絵本の底ぢから』福音館
吉田直美（1997）『みんな大人にだまされた』ひとなる書房
吉村千歳・佐下橋康子（2015）「忍者修行」『保育びと』（京都保育問題研究会編）第二二号（印刷中）
吉村真理子（1980）『0～2歳児の保育手帳』あゆみ出版、p.81,p.154
Caillois, R.（1958）『遊びと人間』（多田道太郎・塚崎幹夫訳）講談社文庫
Carson, R.L.（1996）『センス・オブ・ワンダー』（上遠恵子訳）新潮社
Ekman,P.& Friesen（1987）『表情分析入門』（工藤力訳）誠信書房
Henriot, J.（1969）『遊び』（佐藤信夫訳）白水社
Huizinga, J.（1938）『ホモ・ルーデンス』（高橋英夫訳）中央公論社
Humphrey, N.（1986）『内なる目―意識の進化論―』（垂水雄二訳）紀伊国屋書店、p.118, p.126
Hutt,C.（1971）Exploration and Play in Children. In R.E.Herron & Brian Sutton-Smith（Eds.）, Child's Play. John Wiley & Sons, Inc. pp.231-251
Izard,C.E.（1996）『感情心理学』（荘厳舜哉監訳）ナカニシヤ出版
Piaget,J.（1945）"La formation du symbole chez l'enfant, imitation, jeu, et reve; image et representation", Delachaux et Niestle, Neuchatel et Paris.
Warneken,F. & Tomasello, M.（2007）Helping and cooperation at 14 months of age. Infancy, 11（3）, pp.271-294

著者　加用　文男（かよう　ふみお）
1951年、高知県生まれ
東京教育大学心理学科卒
東京大学大学院教育学研究科博士課程単位取得退学
現在：京都教育大学幼児教育科教授（発達心理学）

『子どもの遊びと発達』共著、ひとなる書房、1983年
『子ども心と秋の空』ひとなる書房、1990年
『遊びの発達心理学』共著、萌文社、1991年
『忍者に出会った子どもたち—遊びの中間形態論—』ミネルヴァ書房、1994年
『不思議現象—子どものこころと教育—』共著、北大路書房、1997年
『遊びという謎』共著、ミネルヴァ書房、1998年
『これが、ボクらの新・子どもの遊び論だ』童心社、2001年
『光る泥だんご』（DVD＆本）ひとなる書房、2001年
『子どもの心的世界のゆらぎと発達』共著、ミネルヴァ書房、2011年
『遊びの保育発達学』共著、川島書店、2014年

装幀・本文イラスト　やまだ　みちひろ

写真提供：京都・西野山保育園（p.38）／熊本・やまなみこども園（p.187）

「遊びの保育」の必須アイテム
保育のなかの遊び論　Part2

2015年6月6日　初版発行

著者　加用文男
発行者　名古屋研一
発行所　㈱ひとなる書房
東京都文京区本郷2-17-13
広和レジデンス
TEL 03（3811）1372
FAX 03（3811）1383
Email：hitonaru@alles.or.jp

印刷・製本／中央精版印刷株式会社
＊落丁本、乱丁はお取り替えいたします。お手数ですが小社までご連絡ください。

子ども心と秋の空

保育のなかの遊び論

加用文男 著

四六判・978-4-938536-47-3　本体1800円

子どもの遊びって何だろう。
一言でいえば、それは〈自我の変容を楽しむ活動〉といえるでしょう。
子どもたちが夢と喜びに満ちた日々を送れるように、
保育実践に素朴さとパワーを！
ユーモアといたずら心に満ちた新鮮な感覚を！

ごっこ遊び

自然・自我・保育実践

河崎道夫 著

A5判・978-4-89464-221-8　本体2800円

子どもたち一人ひとりのかけがえのない自我は、
無限の多様性をはらむ現実世界との格闘の中でこそ豊かに育まれる。
園庭で、路地で、はらっぱで……
身近な自然や仲間とともに縦横無尽に湧き出る「ごっこ遊び」はその格好の舞台。
子どもは「ごっこ」で何をおもしろがっているの？
他の活動や遊びとの関係は？
実践に学び実践に生きる研究にこだわり続けてきた著者が、
愉快な事例の数々を紹介しながら、「ごっこ遊び」のひみつを解き明かす。

表示金額は税抜価格